新时代智库出版的领跑者

国家智库报告 2023（33）
National Think Tank

金融

# 中国农业信贷担保发展研究报告（2015—2022）

孙同全　田雅群　苏岚岚　董翀　等著

THE DEVELOPMENT OF AGRICULTURAL CREDIT
GUARANTEE IN CHINA (2015-2022)

中国社会科学出版社

# 图书在版编目（CIP）数据

中国农业信贷担保发展研究报告：2015—2022/孙同全等著. —北京：中国社会科学出版社，2023.9
（国家智库报告）
ISBN 978-7-5227-2611-3

Ⅰ.①中… Ⅱ.①孙… Ⅲ.①农业信贷—贷款担保—研究报告—中国—2015-2022 Ⅳ.①F832.43

中国国家版本馆 CIP 数据核字（2023）第 173608 号

| 出 版 人 | 赵剑英 |
|---|---|
| 责任编辑 | 任睿明　刘晓红 |
| 责任校对 | 周晓东 |
| 责任印制 | 李寡寡 |

| 出　　版 | 中国社会科学出版社 |
|---|---|
| 社　　址 | 北京鼓楼西大街甲 158 号 |
| 邮　　编 | 100720 |
| 网　　址 | http://www.csspw.cn |
| 发 行 部 | 010-84083685 |
| 门 市 部 | 010-84029450 |
| 经　　销 | 新华书店及其他书店 |
| 印刷装订 | 北京君升印刷有限公司 |
| 版　　次 | 2023 年 9 月第 1 版 |
| 印　　次 | 2023 年 9 月第 1 次印刷 |
| 开　　本 | 787×1092　1/16 |
| 印　　张 | 14 |
| 插　　页 | 2 |
| 字　　数 | 186 千字 |
| 定　　价 | 85.00 元 |

凡购买中国社会科学出版社图书，如有质量问题请与本社营销中心联系调换
电话：010-84083683
版权所有　侵权必究

# 课题组成员

**组　长：**
孙同全，中国社会科学院农村发展研究所研究员，
　　　　农村金融研究室主任

**副组长：**
冯兴元，中国社会科学院农村发展研究所研究员，
　　　　农村金融创新工程项目首席研究员

**成　员：**
孟光辉，山东农业大学副教授
董　翀，中国社会科学院农村发展研究所助理
　　　　研究员，农村金融研究室副主任
田雅群，中国社会科学院农村发展研究所助理
　　　　研究员
苏岚岚，中国社会科学院农村发展研究所助理
　　　　研究员
吕　静，北京国家会计学院讲师
燕　翔，中国社会科学院金融研究所博士后
邓　晗，中国社会科学院大学博士生
杨　洋，中国社会科学院大学博士生
李　博，中国社会科学院大学博士生

**摘要：** 农业信贷担保（以下简称农担）是中国农业支持保护政策的市场化延伸，是财政与金融协同支农的创新方式。本报告对中国农担政策和农担体系的发展历程进行了较为系统的回顾梳理，结合国家政策并借鉴国际经验，采用兼顾政策性绩效和可持续发展绩效的双重目标评价指标框架，对农担体系建成以来取得的成绩和存在的问题进行了较为全面的分析，并对农担政策与农担体系发展面临的挑战和机遇进行了较为深入的探讨。

自 2015 年以来，农担政策和农担体系经历了四个发展阶段：政策体系与组织体系初步形成（2015—2016 年）、业务规范与考核机制初步完善（2017—2018 年）、农担政策性定位与运行机制进一步明确和完善（2019—2020 年）和推动农担体系及其业务高质量发展（2021 年至今）。截至 2021 年底，除西藏、上海、深圳外，全国 33 个省（自治区、直辖市、计划单列市）均已成立农担公司，并在全国粮食主产区及主要农业大县建立分支机构。

全国农担体系自建立以来，担保业务规模快速扩大，财政资金撬动金融资源支持农业农村经济发展的作用明显，业务的政策精准性不断提高，对缓解农业农村经济发展面临的贷款难贷款贵问题发挥了积极的促进作用，实现了政策目标。但是，由于担保费收取标准低，自我创收能力弱，自我代偿补偿能力有限，而且面临"弱反担保"困境，追偿效果有限，农担体系应收代偿款不断累积，其正常运行在很大程度上依赖财政对农担的费用补助和代偿补偿，自我可持续发展能力较弱。农担体系普遍存有难以回收的长期应收代偿款，应作呆账核销处理，需要出台核销政策。此外，农担体系还面临着"去担保化"等方面的挑战。

通过研究，本报告对农担发展总结出 10 点具有一定规律性的认识。一是信贷担保产生的基本前提是借贷双方之间存在信息不对称，且借方不能满足贷方的担保要求。二是农担公司是政策性目标与市场化运作方式相结合的非营利企业。这种性质决定了农担公司既要努力建立自身可持续能力，又离不开必要的财政支持，更不能偏离政策初衷。三是财政对担保的费用补助和代偿补偿机制是政策性农担发展的生命线。四是农担业务规模应与财政补贴能力相匹配，因此农担存在适度规模经营问题。五是农担机构应与金融机构适当分担信贷风险，避免金融机构因不承担信贷风险而产生道德风险，同时提高财政资金利用效能。六是竞争性的农村金融市场是农担可以与金融机构分险的前提。七是农担净资产对担保贷款应有适当的放大倍数，不然就失去了担保的意义。倍数大小受到金融机构信贷质量、担保资金规模和担保机构管理能力等因素的影响。八是农担应有核销机制，适时适度去除长期的代偿呆账损失，不然，即使机构名义上存在，也可能因实际呆账过多而缺乏或丧失担保能力。九是担保存在发展悖论，即在帮助被担保人解决融资困难的同时，也促进了被担保人"毕业"或信贷交易"去担保化"，对担保机构的经营管理和发展带来困扰。十是担保存在规模经济和范围经济问题，即担保资金规模应该足够大，才能保证足够的担保能力和一定的收入。同时，为了分散担保业务风险，担保业务范围不应过于单一。目前各省农担公司在省域范围内，资金规模较大，市场的地域范围较大，服务的农业经营种类多样，具有一定的规模经济和范围经济优势。

总体上看，中国农担发展条件良好，政府支持，市场需要，农民欢迎。未来农担政策应不断完善"双控"等激励约束机制，保证农担聚焦农业，保持政策性目标，同时，可以考虑允许符合一定条件的农担公司开展业务多元化试点，在农业农村经济范围内，探索增加业务品种，增加收入来源，增强其自我可持续发展能力。

**关键词**：农业信贷担保；农业支持保护政策；双重目标；担保发展悖论

**Abstract**: Agricultural credit guarantee (ACG) is a market-oriented extension of China's agricultural support and protection policy, and an innovative way of fiscal and financial cooperation to support agriculture. This report makes a systematic review of the development process of China's ACG policy and system. According to the national policies and drawing on international experience, this report adopts the double-bottom line assessing index framework, that takes into account policy performance and sustainable development performance, to makes a comprehensive analysis of the achievements and existing problems of ACG system since its establishment. At the same time, the challenges and opportunities to ACG policies and system are analyzed.

Since 2015, the ACG policy and system have undergone four stages of development: the policy and organizational system being preliminarily formed (2015 – 2016), the business norms and assessment mechanism being preliminarily improved (2017–2018), the policy positioning and operation mechanism of ACG being further clarified and improved (2019 – 2020), and promoting the high-quality development of ACG system and its business (2021–). By the end of 2021, in addition to Xizang, Shanghai and Shenzhen, 33 provinces (autonomous regions, municipalities directly under the Central Government, and cities separately listed in the national plan) have set up ACG companies and established branches in major grain-producing areas and major agricultural counties across the country.

Since the establishment of the national ACG system, the scale of guarantee business has expanded rapidly, the role of financial funds in leveraging financial resources to support agricultural and rural economic development is obvious, and the policy precision of the business has been continuously improved, which has played a positive role in alleviating the problem of difficult loans and expensive loans faced by agricultural and rural economic development, and achieved the policy goals.

However, due to the low guarantee fee, weak self-income generation ability, limited self-compensation ability, and facing the dilemma of "weak counter-guarantee", the recovery effect is limited, and the receivables of claim paid out continues to accumulate, the operation of ACG system largely depends on the fiscal cost subsidies and compensation for claims paid out, with a result of weak self-sustainability of the system. There are generally long-term receivables of claim paid out that are difficult to recover, which should be written off if they are hardly to be collected. It is necessary to issue a write-off policy. In addition, ACG system is also facing the challenge of "de-guarantee".

Through the research, this report summarizes 10 points of law of the development of ACG. First, the basic prerequisite of introducing credit guarantee is that there is information asymmetry between the lender and the borrower, and the borrower cannot afford to the collateral requirements of the lender. Second, ACG companies are non-profit enterprises that combine policy objectives with market-oriented operation mode. This nature determines that ACG companies should not only strive to establish their own sustainable capacity, but also need the necessary fiscal support, let alone deviate from the original intention of ACG policy. Third, the fiscal cost subsidy and compensation mechanism for the claim paid out are the lifeline of the development of policy-oriented ACG. Forth, the scale of the ACG business should match the fiscal subsidy capacity, so ACG companies should keep moderate scale. Fifth, ACG institutions should properly share credit risks with financial institutions to avoid the latter's moral hazard, if the latter don't take any credit risk, and to improve the efficiency of fiscal fund. Sixth, competitive rural financial market is the premise that financial institutions would like to share credit risks with ACG institutions. Seventh, there should be an appropriate leverage ratio between the net assets of ACG companies and financial institutions, otherwise it will lose the meaning of guarantee. The size of the leverage ratio is affected by the credit quality of financial institutions, the scale of guarantee funds and the management ability of guarantee institutions. Eighth, there should be a write – off mechanism for the timely and appropriate removal of long–term bad account of claim paid out, otherwise, even if the guarantee institution nominally exists, it may lack or lose the ability to guarantee due to excessive bad accounts. Ninth, there is a paradox in the development of guarantee, that is, while helping the guaranteed to solve the financing difficulties, it also promotes the "graduation" of the guaranteed or the "de-guarantee" of financial institutions, which brings troubles to the operation, management and development of guarantee institutions. Tenth, there are issues of scale economy and scope economy in guarantee, that is, the scale of guarantee funds should be large enough to ensure sufficient guarantee capacity and a certain income. At the same time, in order to diversified the risk of guarantee business, the scope of guarantee business should not be too simple. At present, ACG companies are established at provincial level, and do business in provincial scope, the capital scale and the geographical scope of the market is large enough, and the types of agricultural businesses they serve are diverse, so that they have taken certain advantages of scale economy and scope economy.

Overall, China's ACG development conditions are good, with

the support from governments, the demand from financial institutions and farmers. In the future, the policy of ACG should constantly improve the "dual control" and other incentive and constraint mechanisms, to ensure that ACG focuses on agriculture and maintains policy objectives. At the same time, it is meaningful to permit pilots of ACG business diversification, exploring to extend business scope in agriculture and rural economy, to increase income sources of ACG institutions and enhance their self-sustainability.

**Key words**: agricultural credit guarantee; agricultural support and protection policy; double-bottom line; paradox of guarantee development

# 目 录

前　言 ································································ (1)

## 主　报　告

一　引言 ······························································ (3)
　　(一) 研究背景 ················································ (3)
　　(二) 研究内容 ················································ (6)
　　(三) 研究方法 ················································ (6)
　　(四) 报告结构 ················································ (7)

二　中国农业信贷担保政策的产生与演进 ······················ (8)
　　(一) 中国农业信贷担保政策的产生背景 ················ (8)
　　(二) 中国农业信贷担保政策的演进 ····················· (16)

三　中国农业信贷担保组织发展现状与业务模式 ············ (26)
　　(一) 组织发展现状 ········································· (26)
　　(二) 主要运行模式 ········································· (31)

四　中国农业信贷担保政策的成效 ···························· (43)
　　(一) 农担体系发展和业务绩效的评价指标与方法 ···· (43)
　　(二) 政策性绩效 ············································ (51)

（三）可持续性绩效 …………………………………… (65)

**五　中国农业信贷担保体系发展前瞻** ……………………… (85)
　　（一）挑战——兼谈若干值得探讨的问题 ……………… (85)
　　（二）机遇 …………………………………………… (103)

**六　结论与启示** …………………………………………… (109)
　　（一）结论 …………………………………………… (109)
　　（二）启示 …………………………………………… (115)

# 案 例 报 告

**七　黑龙江省农业融资担保有限责任公司** ……………… (125)
　　（一）公司基本情况 ………………………………… (125)
　　（二）业务模式 ……………………………………… (129)
　　（三）政策性绩效 …………………………………… (132)
　　（四）可持续性绩效 ………………………………… (139)
　　（五）结论与启示 …………………………………… (142)

**八　江苏省农业融资担保有限责任公司** ………………… (144)
　　（一）公司基本情况 ………………………………… (144)
　　（二）业务模式 ……………………………………… (147)
　　（三）政策性绩效 …………………………………… (151)
　　（四）可持续性绩效 ………………………………… (158)
　　（五）结论与启示 …………………………………… (162)

**九　山东省农业发展信贷担保有限责任公司** …………… (165)
　　（一）公司基本情况 ………………………………… (165)
　　（二）业务模式 ……………………………………… (167)
　　（三）政策性绩效 …………………………………… (170)

（四）可持续性绩效 …………………………………………（175）
　　（五）结论与启示 ……………………………………………（180）

**十　浙江省农业融资担保有限责任公司** ……………………（183）
　　（一）公司基本情况 …………………………………………（183）
　　（二）业务模式 ………………………………………………（185）
　　（三）政策性绩效 ……………………………………………（191）
　　（四）可持续发展绩效 ………………………………………（195）
　　（五）结论与启示 ……………………………………………（198）

**参考文献** ………………………………………………………（200）

# 前　言

　　自 2015 年国家出台农业信贷担保（以下简称"农担"）政策以来，中国农担体系已建成并运行七八年之久。农担作为财政金融协同支持农业发展、农民增收的重要手段，却鲜有得到学术界的关注。在既有不多的相关研究成果中，多是就某一问题或局部进行研究，缺少对农担政策和农担体系发展的全面研究。

　　2021 年黑龙江省农业融资担保公司（以下简称"龙江农担"）委托中国社会科学院农村发展研究所课题组为其编制"十四五"发展规划，课题组借此机会同时对中国农担发展情况进行了全面研究。本报告就是此项研究的成果，对中国农担政策和农担体系的发展历程进行了较为系统的回顾梳理，结合国家政策并借鉴国际经验，采用兼顾政策性绩效和可持续发展绩效的双重目标评价指标框架，对农担体系建成以来取得的成绩和存在的问题进行了较为全面的分析，并对农担政策与农担体系发展面临的挑战和机遇进行了较为深入的探讨。本报告应是中国第一项较为全面地分析农担政策与农担体系发展的研究成果。

　　本报告的主报告主要由孙同全、田雅群执笔，案例报告分别由田雅群、苏岚岚、邓晗执笔。全报告由孙同全、田雅群和董翀统稿。

　　本项研究得到了国家和多省相关部门和机构及其人员的高

度重视和积极支持，包括农业农村部计划财务司，国家农业信贷担保联盟有限责任公司，黑龙江省财政厅、农业厅、地方金融监督管理局、龙江农担，江苏省财政厅、农业厅和江苏省农业融资担保有限责任公司，山东省财政厅、农业厅、地方金融监督管理局和山东省农业发展信贷担保有限责任公司，浙江省财政厅、农业厅、供销合作社、农民合作经济组织联合会和浙江省农业融资担保有限责任公司的各级领导和员工，还有各地农担体系合作银行的各级领导和员工，以及那些使用农担担保贷款为自己家庭的幸福美好生活而辛勤耕耘、为中国农业发展做出贡献的农民朋友。特别是农业农村部计划财务司金融保险处处长王胜先生和副处长罗鹏先生，国家农担副总经理杨春光先生、体系服务部总监殷茜娟女士、高级经理岳雷雷先生、经理晏语女士等，龙江农担董事长谭志强先生、总经理王淑葵女士、副总经理刘健先生、副总经理甄理先生、综合管理部副总监安亚丰先生和干事刘娜女士等，江苏农担总经理朱旭东先生、副总经理谢伟先生、综合管理部副总监马晓荣女士等，山东农担总经理陈祥志先生、副总经理胡成立先生、副总经理于贻胜先生等，浙江农担总经理赵虹女士、机构合作部总经理文丽华女士、政策业务部总经理张晓赤先生、综合管理部经理梁亚洲先生等，以及其他众多人士，囿于篇幅有限，恕不一一列出，他们对本项研究给予了持续热情的关注和大力支持，提供了大量资料和他们来自实践的真知灼见，成为课题组成员坚持三年研究的源源动力和重要的农担知识来源。此外，课题组还得到了一些专家学者的指导，他们有中国人民大学马九杰教授、钟真教授，中国农业大学何广文教授、郭沛教授，北京工商大学张正平教授，山东财经大学冯林教授，西北农林科技大学石宝峰教授和北京大学乡村振兴研究院傅帅雄副院长等。在本报告出版之际，课题组全体成员对上述部门、机构和人员的支持与帮助致以诚挚的敬意和谢意！

由于资料不够充足以及课题组成员自身理论水平与对实践的了解和理解有限，同时由于新冠疫情影响，本课题原计划的多地调研没能成行，调研地点主要在东部和东北部四省，影响了课题组对全国农担发展情况的了解，所以本报告的分析和观点不免有偏颇或错漏之处，敬请读者批评指正。

需要特别说明的是，本报告只代表课题组作者个人的观点，不代表作者所供职机构以及课题的其他支持机构。

# 主　报　告

# 一 引言

## （一）研究背景

农业信贷担保（以下简称"农担"）是为农业融资需求主体增信，为农业融资供给主体分险，撬动金融资源支持农业发展的重要手段。而中国农担政策和农担体系产生之时正是中国融资担保行业发展艰难并受到广泛质疑的时期。

自 1993 年中国第一家政策性信用担保企业中国经济技术投资担保有限公司成立以后①，中小企业信用担保受到各级政府的高度重视和大力支持，发展迅速。1999 年，国家经济贸易委员会（以下简称"国家经贸委"）印发了《关于建立中小企业信用担保体系试点的指导意见》，中国人民银行印发了《关于加强和改进对小企业金融服务的指导意见》，对中小企业信用担保机构的资金来源、行业性质、服务对象、业务程序等都做出了明确的规定。2000 年，国家经贸委印发了《关于鼓励和促进中小企业发展的若干政策意见》，指出要增加对中小企业信用担保行业的财税等政策支持，加快形成信用担保体系，缓解中小企业

---

① 中国现代中小企业信用担保的起源可以追溯到 1992 年重庆高新区管委会和中国工商银行共同发起，与高新区部分企业共同出资成立融资担保基金，为出资企业融资提供担保，以及同年上海等地民营企业自发组织成立互助信用担保基金，为成员企业取得银行贷款提供担保。

的融资困境，促进其快速发展。2003年年初开始施行的《中华人民共和国中小企业促进法》规定，县级以上人民政府和有关部门应当推进和组织建立中小企业信用担保体系，推动对中小企业的信用担保，为中小企业融资创造条件，并指出国家中小企业发展基金可以用于支持建立中小企业信用担保体系。

受国家政策推动，中国政策性中小企业信用担保机构和商业性融资担保机构数量都快速增加。截至2012年年末，中国融资担保法人机构数量达到最高峰，为8590家，与2001年的582家[①]相比，增幅为1375.95%。但是，由于担保行业高杠杆、低收益、高风险、机构规模较小和抗风险能力弱等原因[②]，导致担保放大倍数低，担保效果有限，特别是2008年国际金融危机之后，中国经济增长速度放缓，受"三期叠加"因素影响，中小企业经营普遍困难，担保行业风险集中释放，代偿集中爆发，恶性事件也时有发生，有担保机构挪用客户保证金，高息放贷，甚至有以投资理财为名的集资诈骗；许多担保机构无力应对不断累积的代偿责任，倒闭或陷入停摆[③]。在这种艰难和乱象之中，融资担保行业声誉严重受损，行业发展困难。2013年融资担保行业担保代偿总额达309亿元，同比增加45.2%；2013年

---

[①] 中国融资担保业协会编著：《中国融资担保业发展报告（1993—2014）》，中国金融出版社2015年版，第50页。

[②] 当时在担保机构与银行的合作中，对于信贷交易的违约风险，前者一般都要承担100%。而且人员少，全国融资担保机构的平均员工数量不到15人。参见国务院发展研究中心金融研究所《通过融担促进普惠信贷研究报告》，2019年10月。

[③] 例如，2011年河南省数百家担保公司从事非法集资，因资金链断裂导致集体"倒闭潮"；2012年广东"华鼎事件"引发银行业集中抬高银担合作门槛；2014年四川发生"汇通担保事件"引发四川地区大范围代偿集中爆发。参见中国融资担保业协会编著《中国融资担保业发展报告（1993—2014）》，中国金融出版社2015年版，第46—140页。

年末担保代偿余额为415亿元，较上年末增长100.4%①。从2013开始，中国融资担保公司的数量出现了负增长，截至2015年年底，降到7340家②。2014年广东省共有37家融资担保机构退出融资担保市场，仅在2014年8月就有16家退出③。这一时期中国融资担保行业发展遇到严重困难。

2015年财政部等部委出台农担政策，提出以财政出资建立全国农担体系。自2016年以来，农担体系快速发展。截至2021年年底，国家农业信贷担保联盟有限责任公司（以下简称"国家农担"或"国家农担公司"）以及除西藏、上海、深圳外的全国33个省（自治区、直辖市、计划单列市）均已成立农业信贷融资担保公司（以下简称"省级农担"或"省级农担公司"），并在全国粮食主产区及主要农业大县建立分支机构，形成了覆盖全国的农业信贷融资担保网络。

为什么在融资担保行业发展困难重重之时，国家还要出台农担政策，大力推动农担体系建设？农担体系成立已有七八年历史，取得了哪些成绩，是否实现了政策初衷，存在哪些困难或问题，未来前景如何，应怎样更好地发展？中国既有数量有限的农业信贷担保研究文献主要是对全国农担体系成立之前各地方开展的农担实践进行研究的成果，研究对象少、范围小。近两年，有学者对全国农担体系进行较为深入的研究，但主要是针对某一问题或局部问题，如孟光辉和石宝峰对农担公司的

---

① 参见中国融资担保业协会编著《中国融资担保业发展报告（1993—2014）》，中国金融出版社2015年版，第134页。
② 翟睿：《我国担保行业发展现状与前景分析》，《时代金融》2017年第12期下旬刊。
③ 中国融资担保业协会编著：《中国融资担保业发展报告（1993—2014）》，中国金融出版社2015年版，第141页。

运行效率进行的研究①、冯林等对农担体系的运行模式及其对农村信贷市场利率水平下降作用的研究②。这些研究对推动农担政策研究做了有益探索和积极贡献，但缺少对全国农担体系的整体发展状况的全面而深入的分析。此时对农担政策实施和农担体系发展进行回顾、分析与总结，对农担政策未来调整、农担体系高质量发展，更好地为农业农村现代化服务，具有重要意义。

## （二）研究内容

基于以上背景，本报告较为系统地回顾了中国农担政策的产生与演进、全国农担体系的形成、发展和主要运行模式，设计了农担政策和农担体系运行绩效评价指标框架，并用此指标框架对农担政策和农担体系运行的绩效进行了分析，对农担政策和农担体系面临的挑战和机遇进行了探讨。在上述分析的基础上，本报告对农担体系如何坚持政策性定位和市场化运作进行了总结，并提出政策启示。

## （三）研究方法

本报告从农担政策初衷和运行原则出发，重点考察农担公

---

① 孟光辉等：《中国政策性农业信贷担保机构运行效率研究》，《经济与管理评论》2022年第6期；石宝峰等：《政策性农业融资担保公司运行效率研究》，《东方论坛—青岛大学学报》（社会科学版）2023年第2期。
② 冯林、朱艳静：《双重目标冲突下农业政策性担保运行机制研究——基于新型农业信贷担保的山东实践》，《农村金融研究》2021年第5期；冯林：《政策性农业融资担保有效运行模式研究》，经济科学出版社2022年版。

司对政策目标实现的程度和自我可持续发展能力,采用的研究方法主要包括:一是点面结合,即整体分析加典型案例分析,利用调研中获得的全国层面农担体系发展数据对整体状况进行分析,同时,根据调研资料对典型农担公司的运营情况和成效进行分析。二是建立包含政策性与可持续性双重目标的绩效评价指标框架。三是根据所得数据情况和研究需要,对数据采用了描述性统计分析。四是收集梳理国内外相关的研究文献,作为参考。

## (四) 报告结构

本报告分为主报告和案例报告两个部分。其中主报告包括六章,分别是第一章引言,含研究背景、研究内容、研究方法、报告结构、贡献与不足五节;第二章中国农业信贷担保政策的产生与演进,含中国农担政策的产生背景和演进两节;第三章中国农业信贷担保组织发展现状与业务模式,含组织发展现状、主要运行模式两节;第四章中国农业信贷担保政策的成效,含农担体系发展和业务绩效评价指标与方法、政策性绩效和可持续性绩效三节;第五章中国农业信贷担保体系发展前瞻,含挑战和机遇两节;第六章结论与启示,含结论和启示两节。

案例报告包括对四个省级农担公司的调研报告,分别是黑龙江省农业融资担保有限责任公司(以下简称"龙江农担")、江苏省农业融资担保有限责任公司(以下简称"江苏农担")、山东省农业发展信贷担保有限责任公司(以下简称"山东农担")和浙江省农业融资担保有限责任公司(以下简称"浙江农担")。

## 二 中国农业信贷担保政策的产生与演进

中国农担政策是中国农业支持保护政策的市场化延伸，是在国际和中国自身财政支农政策实践、中小企业信用担保和农业信贷担保政策实践基础上产生和发展的，经历了政策制定—实践—政策调整—再实践—政策再调整的不断提升过程。农担政策已成为中国农业支持保护政策体系和政策性信用担保体系的重要组成部分。

### （一）中国农业信贷担保政策的产生背景

#### 1. 适度规模经营是农业现代化的重要途径

人多地少、大国小农是中国的基本国情，也是中国农业发展的基本条件。因此，中国各地农业生产普遍面临经营规模小、生产成本高、种粮比较收益低的难题。同时，加之农业发展方式粗放，无论是先进科技成果的推广应用、金融服务的提供、与市场的有效对接，还是农业标准化生产的推进、农产品质量的提高、生产效益的增加、市场竞争力的提升，都遇到很大困难。

为了克服上述困难，在改革开放后，中国政府特别重视农业发展方式的转变，推进农业现代化进程。根据中国的农业发展基本条件，农业适度规模经营是农业现代化的重要途径。因此，中国政府不断稳慎地鼓励农业走适度规模经营道路。1984年中央一号文件就提出，不仅要"鼓励农民增加投资，培养地力，实行集约经营"，也要"鼓励土地逐步向种田能手集中"。1993年中共中央发布的《关于建立社会主义市场经济体制若干问题的决定》指出："允许土地使用权依法有偿转让。"2002年通过的《中华人民共和国农村土地承包法》第三十二条规定："通过家庭承办取得的土地承包经营权可以依法采取转包、出租、互换、转让或者其他方式流转。"

2001年年底中国加入世界贸易组织之后，提升农业生产效率和农业竞争力成为农业现代化、保护农民利益和农村发展的重大课题。2005年中国取消了农业税费，结束了农业"负保护"的历史。2007年中央一号文件提出，推进现代农业的具体措施包括提高农业水利化、机械化和信息化水平，提高土地产出率、资源利用率和农业劳动生产率，提高农业素质、效益和竞争力。2008年党的十七届三中全会通过了《中共中央关于推进农村改革发展若干重大问题的决定》，强调要走"中国特色的农业现代化道路"，要"推进农业经营体制机制创新，加快农业经营方式转变。家庭经营要向采用先进科技和生产手段的方向转变，增加技术、资本等生产要素投入，着力提高集约化水平"，要"加强土地承包经营权流转管理和服务，建立健全土地承包经营权流转市场，按照依法自愿有偿原则，允许农民以转包、出租、互换、转让、股份合作等形式流转土地承包经营权，发展多种形式的适度规模经营"。2010年、2012—2021年和2023年的中央一号文件都提出要在坚持依法自愿有偿原则的基础上，鼓励发展多种形式的适度规模经营。

农业适度规模经营的主体主要是新型农业经营主体，包括种养大户、家庭农场、农民专业合作社、农业龙头企业以及其他经营性农业社会化服务组织等①。因此,新型农业经营主体成为中国农业支持保护政策的重点目标群体。2008年党的十七届三中全会通过了《中共中央关于推进农村改革发展若干重大问题的决定》,提出"有条件的地方可以发展专业大户、家庭农场、农民专业合作社等规模经营主体"。2012年党的十八大报告提出,"培育新型经营主体,发展多种形式规模经营,构建集约化、专业化、组织化、社会化相结合的新型农业经营体系"。此后,中国陆续出台了一系列关于推动新型农业经营主体发展的政策文件。2017年中共中央办公厅、国务院办公厅印发《关于加快构建政策体系培育新型农业经营主体的意见》,专门对培育新型农业经营主体的政策体系进行了安排,提出"在坚持家庭承包经营基础上,培育从事农业生产和服务的新型农业经营主体是关系我国农业现代化的重大战略。加快培育新型农业经营主体,加快形成以农户家庭经营为基础、合作与联合为纽带、社会化服务为支撑的立体式复合型现代农业经营体系,对于推进农业供给侧结构性改革、引领农业适度规模经营发展、带动农民就业增收、增强农业农村发展新动能具有十分重要的意义"。

**2. 原有财政支农体制机制难以满足农业适度规模经营需要**

农业是人类生存和发展的基础产业,加之农业的多功能性特征,农业发展不仅是经济问题,也是重大的政治问题,正所谓"农为邦本,本固邦宁"。但是,农业也具有明显的弱质性,其发展需要得到适当的支持和保护。

在农业发展实践中,政府投入财政资金进行补贴是各国的普遍做法,既可以保护国内农业发展,提高粮食产量;又可以

---

① 新型农业经营主体的概念经历了"规模经营主体"到现称谓的演变,比最初增加了龙头企业和社会化服务组织。

维持粮食价格稳定，避免出现因粮食价格波动带来的物价普遍上升的问题。中国是一个人口大国，幅员辽阔、人口众多，但耕地面积较少。农业发展关系到全体人民的粮食安全，始终受到中国政府的高度重视。为了鼓励和支持农民种粮和地方政府重视农业生产的积极性，中国一直在加大财政支农力度，使用财政资金对农业发展进行补贴，以提高农业生产的比较收益，推动农业发展。自2004年起，国家先后实施了农作物良种补贴、种粮农民直接补贴和农资综合补贴（以下简称农业"三项补贴"）等农业支持保护政策，通过财政支出手段提高农业资金投入。这些农业补贴政策在保障农产品供给、增加农民收入、维持物价稳定、提高农业生产积极性等方面产生了一定成效。

尽管如此，"三项补贴"的政策难以有效支持农业适度规模经营。有研究发现，粮食直补和农资综合补贴对农民收入提高发挥了一定作用，但对粮食生产和农资投入没有产生影响[①]。这些补贴政策也存在目标不清晰、补贴标准较低、地区间分配差异较大、计算方式不合理、成本较高等问题，严重影响了农业补贴政策的效率，导致政策落实不到位，激励效果有限，农业补贴对农民增收和农业增产的边际作用持续下降。同时，随着农业生产方式的变化，这些农业支持政策主要针对的是农户，对于新型农业经营主体的支持有限，政策的指向性、精准性以及政策效能都在逐渐减弱。因此，为了加快转变农业发展方式，强化粮食安全保障能力，建设国家粮食安全、农业生态安全保障体系，迫切需要调整完善农业"三项补贴"政策，加大对粮食适度规模经营的支持力度，促进农业可持续发展。

此外，农业补贴政策的出台既要受到国内农业生产经营状况的影响，又要受到世界贸易组织（WTO）《农业协议》对

---

① 黄季焜等：《粮食直补和农资综合补贴对农业生产的影响》，《农业技术经济》2011年第1期。

"黄箱政策"① 的约束。与农产品产量和农业生产资料相关的补贴都在"黄箱政策"之列。尽管我国农业支持总量低于欧美，但是也处于较高水平，尤其是黄箱支持量甚至超过美国水平。如果在既有框架下继续增加现有补贴种类尤其是黄箱支持的总量，将会压缩我国在WTO规则范围内可使用的支持空间②。

农业支持保护政策效能的降低，加之WTO《农业协议》的约束，创新财政支农体制机制成为迫切需要。

**3. 政策性信贷担保成为财政金融协同支农的重要创新方式**

农业适度规模化经营与传统的小农户经营不同，由于生产经营规模较大，资金投入需求远大于传统小规模经营，难以完全依靠经营主体的自有资金解决，一般都需要外部融资，其中主要是向金融机构借贷。但是，由于金融机构对农业经营主体存在比较严重的信息不对称问题，而且农业面临特有的自然风险和市场风险，农业贷款需求额度小而分散等原因，所以，农业信贷一般都存在风险高、成本高、收益较低的问题，金融机构也缺乏支农服务的积极性，而且在提供金融服务时往往有较高的担保和贷款利率要求。而由于新型农业经营主体缺少能够满足金融机构要求的抵质押物，所以，新型农业经营主体的贷款难、贷款贵的问题长期难以解决，成为农业现代化发展的一大障碍。

农业贷款难贷款贵的问题反映出农村金融市场失灵的状态，

---

① "黄箱政策"是用来描述在《农业协议》下对生产和贸易产生扭曲作用并要求成员方必须进行削减的政策措施，主要包括：价格补贴，营销贷款，面积补贴，牲畜数量补贴，种子、肥料、灌溉等投入补贴，部分有补贴的贷款项目等。参见高玉强《农业补贴：效率测度与制度优化》，经济管理出版社2021年版，第46页。
② 耿仲钟、肖海峰：《农业支持政策改革：释放多大的黄箱空间》，《经济体制改革》2018年第3期。

这在世界许多国家都存在。为解决这一难题，许多国家政府都对农村金融市场进行了干预，长期实行对农业贷款的补贴政策或设立专门的农业优惠贷款计划[①]，其中包括由财政出资的政策性农业信贷担保计划。信贷担保能够缓解金融机构与借款人之间的信息不对称程度，弥补借款人的信用不足，分担金融机构的农业信贷风险和交易成本，在金融机构和借款人之间架起信任的"桥梁"，激励金融机构提供农业信贷服务的积极性。因此，信贷担保被广泛应用于中小企业融资，也可以在农业融资中发挥重要作用。农村信贷担保由于具有很强的外部性和准公共物品特征，投资风险与收益不匹配，难以完全靠市场机制提供，所以，由财政出资建设农业信贷担保体系就显得十分必要，弥补市场失灵。而且对农业生产要素的财政补贴符合WTO《农业协定》"绿箱"政策支农措施。

由财政出资建设融资担保机构也是中国政府治理融资担保行业乱象的重要政策取向。2013年国务院办公厅印发了《关于金融支持经济结构调整和转型升级的指导意见》，鼓励地方人民政府出资设立或参股融资性担保公司。2014年国务院印发的《关于扶持小型微型企业健康发展的意见》和国务院办公厅印发的《关于多措并举着力缓解企业融资成本高问题的指导意见》，都提出加大财政支持力度，大力发展政府支持的融资担保机构。

建立政策性融资担保体制机制也与中国经济体制改革的大方向相一致。2013年党的十八届三中全会《中共中央关于全面深化改革若干重大问题的决定》提出"经济体制改革是全面深化改革的重点，核心问题是处理好政府和市场的关系，使市场在资源配置中起决定性作用和更好发挥政府作用"，并指出"市

---

① 参见姜亦华《国外农业补贴趋向及其启示》，《学术界》2005年第1期。

场决定资源配置是市场经济的一般规律,健全社会主义市场经济体制必须遵循这条规律,着力解决市场体系不完善、政府干预过多和监管不到位问题。必须积极稳妥从广度和深度上推进市场化改革,大幅度减少政府对资源的直接配置,推动资源配置依据市场规则、市场价格、市场竞争实现效益最大化和效率最优化。政府的职责和作用主要是保持宏观经济稳定,加强和优化公共服务,保障公平竞争,加强市场监管,维护市场秩序,推动可持续发展,促进共同富裕,弥补市场失灵"。

在中国特色社会主义市场经济发展过程中,农业生产和农产品消费等环节资源配置逐步市场化,农业支持保护政策也逐步综合利用市场手段,以提高农业支持保护水平[①]。因此,政策性农业信贷担保既符合财政支持农业发展的需要,也符合中国经济体制市场化改革大方向,成为财政支农政策创新的重要方式。

### 4. 地方政策性农业信贷担保先期实践取得一定成效

在中国农业信贷担保政策形成之前,尽管融资担保业存在很多问题,但是一些地方政府开展了以解决担保难为目标的政策性农业信贷担保实践[②]。例如,2004 年浙江省台州市三门县农业局牵头,财政出资 500 万元成立了三门县扶农担保有限公司。该公司与三门县农信社签订合作协议,按照资本金的 7 倍以内发放支农贷款,单笔担保贷款额最低为 2000 元,最高不超

---

[①] 胡冰川:《农业支持保护政策研究》,载魏后凯主编《新中国农业农村发展研究 70 年》,中国社会科学出版社 2019 年版,第 216—217 页。

[②] 国家农担政策形成之前成立和运行的农业信贷担保机构被冯林称为"传统农业担保机构"。参见冯林《政策性农业融资担保有效运行模式研究》,经济科学出版社 2022 年版,第 2 页。

过 20.0 万元①。2007 年江苏省苏州市农业担保有限公司成立，至 2013 年年底，累计为 2235 户农户、农业企业、农村经济合作组织和其他中小微企业提供了 5083 笔融资担保，累计担保金额 262.9 亿元②。截至 2015 年 6 月底，江苏省的涉农融资担保机构已达 40 家，注册资本合计 46.3 亿元，在保余额 170.6 亿元，在保户数 5299 户，累计担保金额 730.0 亿元③。2008 年四川省乐山市政府、犍为县政府和四川巨星集团（民营企业）共同筹资组建了乐山巨星畜牧融资担保有限责任公司（以下简称"巨星担保"），为畜牧业（主要是生猪养殖业）产业化经营龙头企业、农村专合组织及标准化养殖大户在养殖环节的流动资金提供融资担保。截至 2010 年 5 月底，巨星担保累计为 164 个贷款项目提供担保，累计担保金额 7840.0 万元，其中养殖业担保项目累计 70 个，累计担保金额 3252.0 万元，支持农户 44 户④。2009 年湖南省财政厅联合 14 家地市和县级财政局发起成立了湖南省农业信用担保公司（现名"湖南省农业信贷融资担保有限公司"），注册资本 13.0 亿元，成为当时湖南省最大的担保机构。2013 年年末福建省融资性担保公司管理平台上的农村融资性担保机构有 244 家，占机构总数的 48%，包括政策性、商业性和互助性三种组织形式，注册资本共 172.1 亿元，2013 年全年为 10603 家（次）农村中小微型企业提供融资性担保 523.6 亿元，涉及"三农"的融资性担保总额为 56.5 亿元，涉农户数

---

① 肖宗富等：《激励机制与创新路径：农业担保公司个案研究》，《金融理论与实践》2007 年第 2 期。

② 中国融资担保协会编著：《中国融资担保发展报告（1993—2014）》，中国金融出版社 2015 年版，第 70 页。

③ 纪漫云等：《江苏农业信贷担保运作模式比较分析》，《江苏农村经济》2016 年第 4 期。

④ 李强：《农业担保在解决农村融资难和支持"三农"发展中的实践与思考——以乐山巨星畜牧投资担保公司为例》，《西南金融》2010 年第 10 期。

11761户；代偿金额9.6亿元，放大倍数1.51①。

尽管在国家农担政策形成之前的地方农业信贷担保实践取得了一定的成效，但是有研究发现，由于这些担保机构在与银行的合作中承担了绝大部分甚至全部信贷风险，难以兼顾政策性和持续性双重目标，有的还偏离了支农目标定位，或者因过高的代偿损失陷入停摆，政策效果十分有限②。因此，农业信贷担保政策与运行机制需要继续改进和创新，以建立科学合理的运营规范，补偿农业信贷担保机构的业务收入不足和代偿损失，建立多层次的风险分担分散机制，提高农业信贷担保机构的担保能力和运行质量，从而提高农担政策效果和机构可持续发展能力。所以，建立省级乃至全国层面的信贷担保与再担保体制机制成为必要。

## （二）中国农业信贷担保政策的演进

中国农业信贷担保政策产生以来，根据不同时期政策重点，其发展历程可以分为四个阶段：政策体系与组织体系初步形成、业务规范与考核机制初步完善、农担政策性定位与运行机制进一步明确和完善、推动农担体系及其业务高质量发展。

### 1. 政策体系与组织体系初步形成（2015—2016年）

2015—2017年是中国农业信贷担保政策体系和组织体系的形成时期，国家陆续出台了一系列相关政策，逐步确立了农担政策与农担体系发展的指导思想、主要目标、基本原则、业务定位和范围、基本业务模式、业务绩效考核机制等制度；国家

---

① 周艳：《福建省农村融资性担保机构发展研究》，硕士学位论文，福建农林大学，2014年。
② 冯林：《政策性农业融资担保有效运行模式研究》，经济科学出版社2022年版，第3页。

农担公司成立，各省级政府落实国家政策要求，组建省级农担公司，搭建农担体系，在全国范围内初步形成了农担服务网络，农担业务逐步开展起来。

2015年5月，经国务院批准，财政部、农业部联合印发了《关于调整完善农业三项补贴政策的指导意见》（财农〔2015〕31号），明确提出，要创新财政支农资金使用方式，将支持粮食适度规模经营的补贴资金主要用于支持各地尤其是粮食主产省建立农业信贷担保体系，并推动形成全国性的农业信用担保体系，逐步建成覆盖粮食主产区及主要农业大县的农业信贷担保网络，强化银担合作机制，支持粮食适度规模经营。

同年7月，财政部、农业部和银保监会联合印发了《关于财政支持建立农业信贷担保体系的指导意见》（财农〔2015〕121号），在财农〔2015〕31号文的基础上，提出全国农担体系建设的指导思想、主要目标、基本原则、体系框架、财政支持措施、服务对象与业务定位、基本业务模式、考核机制等原则性要求。其中，建立全国农担体系的指导思想是"认真贯彻落实党的十八大和十八届三中、四中全会精神，按照党中央、国务院统一决策部署，发挥好资源配置中市场决定性作用和政府引导作用，创新财政和金融协同支农机制，建立健全政策性农业信贷担保体系，促进农业适度规模经营和转变农业发展方式，加快农业现代化建设"；主要目标是"以建立健全省（自治区、直辖市、计划单列市）级农业信贷担保体系为重点，逐步建成覆盖粮食主产区及主要农业大县的农业信贷担保网络，推动形成覆盖全国的政策性农业信贷担保体系，为农业尤其是粮食适度规模经营的新型经营主体提供信贷担保服务，切实解决农业发展中的'融资难'、'融资贵'问题，支持新型经营主体做大做强，促进粮食稳定发展和现代农业建设"；基本原则包括五项，一是地方先行建立农担体系，二是中央予以资金和政策支持，三是农担公司应专注于农业的政策性、专业性和独立性，四是农担公司市场化运作，五是农担公司与银行风险分担和利益分享。

财农〔2015〕121号文还对全国农业信贷担保体系建设进行了全面部署，2015—2017年，将农业支持保护补贴中农资综合补贴资金20%的存量部分，加上种粮大户补贴试点资金和增量资金，作为注册资本金，成立全国农担体系①。在省级层面，要求全国各省（自治区、直辖市、计划单列市）建立省级农担机构，并向市县延伸业务分支机构，直接为新型农业经营主体提供信贷担保服务。国家层面，组建国家农业信贷担保联盟有限责任公司，为省级机构分险增信，构建起完整的专门支持农业适度规模经营的担保、再担保组织机构体系②。

财农〔2015〕121号文是中国农担政策开始形成的标志性文件，为全国农担体系建设提供了基本依据和指南。2015年11月，中共中央办公厅、国务院办公厅印发了《深化农村改革综合性实施方案》，进一步确认要优化财政支农支出结构，转换财政资金投入方式，通过政府与社会资本合作、政府购买服务、担保贴息、以奖代补、民办公助、风险补偿等措施，带动金融和社会资本投向农业农村，发挥财政资金的引导和杠杆作用，并鼓励组建政府出资为主、重点开展涉农担保业务的县域融资担保机构或担保基金。2016年中央一号文件《中共中央 国务院关于落实发展新理念加快农业现代化实现全面小康目标的若干意见》明确提出"用3年左右时间建立健全全国农业信贷担保体系，2016年推动省级农业信贷担保机构正式建立并开始运营"。

---

① 李明等：《农业信贷担保体系构建》，载本书编委会编著《新时代中国特色农村金融创新研究》，中国金融出版社2023年版，第151页。
② 国家农业信贷担保联盟公司：《公司简介》，http://www.guojianongdan.cn。

根据财农〔2015〕121号文，全国各省份陆续制定本地的农担体系政策与建设方案，开始组建农担机构，探索开展适合本地的农担业务模式。2015年12月龙江农担（成立时名称为黑龙江省农业信贷担保公司，2019年12月更名为黑龙江省农业融资担保有限责任公司）正式成立，是财农〔2015〕31号文和财农〔2015〕121号文印发后成立的首家省级政策性农担机构。2016年5月，国家农担公司成立。

**2. 业务规范与考核机制初步完善（2017—2018年）**

财农〔2015〕121号文件提出了在全国范围内建设农担体系政策框架，但是对农担体系如何运营并未提出具体规范和要求，包括农担组织体系、业务范围和具体考核指标，等等。为了让农担公司尽快走向正轨，发挥政策效能，2017年中央一号文件《中共中央国务院关于深入推进农业供给侧结构性改革加快培育农业农村发展新动能的若干意见》明确要求推进省级农担机构向市县延伸，支持有条件的市县尽快建立担保机构，实现实质性运营。同年5月，财政部、农业部和银监会印发了《关于做好全国农业信贷担保工作的通知》（财农〔2017〕40号），对农担组织体系、业务范围和考核指标做出了较为具体的要求。

财农〔2017〕40号文要求各省（自治区、直辖市、计划单列市）组建各级农担工作指导委员会及其办事机构，进一步发挥好农担办事机构的职能作用，强化指导，确保农担体系紧密可控、独立运营，并对服务对象和指标提出了具体要求。该文件首次提出，农担公司的大部分业务要符合"双控"要求，即控制业务范围和担保额度。在业务范围上，应控制在粮食生产、畜牧水产养殖、菜果茶等农林优势特色产业，农资、农机、农技等农业社会化服务，农田基础设施，以及与农业生产直接相关的第一、第二、第三产业融合发展项目，家庭休闲农业、观光农业等农村新业态；在担保额度上，应控制在家庭农场、种养大户、农民合作社、农业社会化服务组织、小微农业企业等农业适度规模经营主体，以及国有农（团）场中符合条件的农业适度规模经营主体，单户在保余额控制在 10 万—200 万元，对适合大规模农业机械化作业的地区可适当放宽限额，但最高不超过 300 万元。

财农〔2017〕40 号文是农担政策在此发展阶段的标志性文件，其提出的"双控"政策为农担公司业务绩效考核确立了标准，为其规范发展奠定了基础。一方面，控制业务范围是为了确保农业信贷担保机构服务到农业生产的各个领域，并突出粮食生产，以实现政策目标。另一方面，控制担保额度既体现了农担政策的目标对象主要是新型农业经营主体，也能够控制农担公司业务尽量做到"小额、分散"，以降低农担公司的业务风险。同时，该文件还通过组建监管体系和确立运营指标等方式对农担公司进行指导和约束，各省农担公司根据该文件的要求，调整客户对象、业务范围和种类，向"双控"要求靠近。该文件标志着农担政策初步完善，农担体系进入规范发展阶段。

为了鼓励农担公司规范发展，实现农担政策目标，2018 年中央一号文件《中共中央国务院关于实施乡村振兴战略的意见》进一步强调要"切实发挥全国农业信贷担保体系作用，通过财政担保费率补助和以奖代补等，加大对新型农业经营主体支持力度"。2018 年 4 月，农业农村部与财政部联合发布了《2018 年财政重点强农惠农政策》，提出要健全全国农业信贷担保体系，推进省级信贷担保机构向市县延伸，实现实质性运营，支持各地采取担保费补助、业务奖补等方式，加快做大农业信贷担保贷款规模。

### 3. 农担政策性定位与运行机制进一步明确和完善（2019—2020年）

经过几年积极探索，至 2019 年中国农担体系建设和运营已经取得了一定成效，但是也暴露出业务发展不均衡、服务对象不精准、存在一定风险隐患等问题。2019 年中央一号文件《中共中央国务院关于坚持农业农村优先发展做好"三农"工作的若干意见》指出，要"健全农业信贷担保费率补助和以奖代补机制，研究制定担保机构业务考核的具体办法，加快做大担保规模"。2020 年中央一号文件《中共中央国务院关于抓好"三农"领域重点工作确保如期实现全面小康的意见》提出"发挥全国农业信贷担保体系作用，做大面向新型农业经营主体的担保业务"。

根据 2019 年和 2020 年中央一号文件有关要求，2020 年 4 月，财政部、农业农村部、银保监会与人民银行印发了《关于进一步做好全国农业信贷担保工作的通知》（财农〔2020〕15 号），对农担的政策性定位、运行机制等方面做了进一步的细化规定。该文件指出，农担体系的政策性定位体现在四个方面：一是完善我国农业支持保护体系、深化农村金融改革的重大创新。二是推动解决农业适度规模经营中的融资难题、激发其内生活力的重要手段。三是财政撬动金融资本、引导社会资本投向农业的重要纽带。四是构建服务乡村振兴战略多元投入机制的重要布局。

为了保证农担体系坚持其政策性定位，财农〔2020〕15 号文要求全国农担体系"始终确保独立性"，因为"独立性是确保全国农担体系紧密可控、专注经营的机制基础"，要求"确保省级农担公司作为一级企业法人管理，由省级财政部门直接履行出资人职责，实现法人、业务、财务、考核、管理'五独立'，以独立性来保障政策性、专注性，从管理机制的顶层设计上避免政策性业务边缘化和外部风险的导入"。

在财农〔2017〕40号文的基础上，财农〔2020〕15号文进一步明确了农担政策性业务范围和标准，要求面向县域内农业生产及与农业生产直接相关的产业融合项目开展业务，单户担保规模不得超过1000万元，是谓"双控"业务，其中10万（含）—300万元（含）为"政策性业务"；省级农担公司只能开展"双控"业务，加快消化存量"双控"外业务；政策性业务在保余额不得低于总担保余额的70%。该文件还对农担公司加强自身能力建设、做大业务规模、完善风险防控机制、充分利用数据信息、发挥国家农担公司作用做了较为明确的规定。

此外，财农〔2020〕15号文还进一步完善了对农担业务的财政奖补政策、绩效评价方法和督导机制，随文下发了两项具体的评价方法：一是《农业信贷担保工作绩效评价评分表》进一步强化政策性导向，在可持续经营前提下，不以营利为目的，突出放大倍数、"双控"政策执行、风险防控等核心指标，评价结果与中央财政补奖资金规模挂钩。二是《省级财政部门对省级农担公司绩效评价评分指引》，制定了独立于金融类企业评价指标体系，体现出农担业务的政策性，为省级财政部门对省级农担公司的绩效评价提供指引。

财农〔2020〕15号文是农担政策在此阶段的标志性文件，对全国农担体系准确把握政策性定位、规范业务行为、提升经营管理能力、快速扩大业务规模都起到了重要的激励约束作用，对全国农担体系的健康发展具有重要意义。

回顾中国农业信贷担保政策演变过程，可以发现，上述三个标志性政策文件构成了中国农担政策体系的骨架，具体表现为：一是财农〔2015〕121号文，奠定了农担政策和农担体系建设的基础。二是财农〔2017〕40号文，确立了农担政策性业务范围与考核标准。三是财农〔2020〕15号文，进一步明确了农担的政策性定位和绩效评价指标体系。

表 1　　　　　　　　　　中国农业信贷担保政策的主要变化

| 年份 | 2015 | 2017 | 2020 |
|---|---|---|---|
| 文件名称和文号 | 《关于财政支持建设农业信贷担保体系的指导意见》（财农〔2015〕121号） | 《财政部 农业部 银监会关于做好全国农业信贷担保工作的通知》（财农〔2017〕40号） | 《关于进一步做好全国农业信贷担保工作的通知》（财农〔2020〕15号） |
| 原则 | 发挥市场决定性作用和政府引导作用<br>财政和金融协同<br>地方先行、中央支持、专注农业、市场运作、银担共赢 | 政策性资金、市场化运作、专注农业、独立运营<br>强调政策性定位，贴农、为农、惠农，不脱农 | 政策性资金、市场化运作、专注农业、独立运营<br>强调政策性定位，贴农、为农、惠农，不脱农 |
| 业务范围 | 逐步建成覆盖粮食主产区及主要农业大县的农业信贷担保网络，为农业尤其是粮食适度规模经营的新型经营主体提供信贷担保服务，支持新型经营主体做大做强，促进粮食稳定发展和现代农业建设 | 省级农担公司政策性业务实行"双控"标准。服务范围限定为粮食生产、畜牧水产养殖、菜果茶等农林优势特色产业，农资、农机、农技等农业社会化服务，农田基础设施，以及与农业生产直接相关的第一、第二、第三产业融合发展项目，家庭休闲农业、观光农业等农村新业态 | 限定为农业生产（包括农林牧渔生产和农田建设）及与农业生产直接相关的产业融合项目（指县域范围内，向农业生产者提供农资、农技、农机，农产品收购、仓储保鲜、销售、初加工，以及农业新业态等服务的项目），突出对粮食、生猪等重要农产品生产的支持 |
| 担保金额 | 对从事粮食生产和农业适度规模经营的新型经营主体的农业信贷担保余额不得低于总担保规模的70% | 担保规模限定为单户在保余额控制在10万—200万元<br>对适合大规模农业机械化作业的地区可适当放宽限额，但最高不超过300万元<br>省级农担公司符合"双控"标准的担保额不得低于总担保额的70% | 担保规模限定为单户不超过1000万元<br>10万—300万元为"政策性业务"<br>加快消化存量"双控"外业务（非农及1000万元以上大额农业项目）<br>政策性业务在保余额不得低于总担保余额的70% |
| 考核评价指标 | 提出重点考核农业信贷担保业务规模、项目个数、为农服务、风险控制等情况，建立持续性和政策性并重的业务绩效考核评价指标体系 | 分级开展绩效考核。全国指导委员会负责对国家农担公司进行考核，考核办法另行制定 | 实行绩效评价"双挂钩"。财政部、农业农村部对各地农担工作情况开展绩效评价，必要时请第三方机构参与。<br>强调首贷户 |

续表

| 年份 | 2015 | 2017 | 2020 |
|---|---|---|---|
| 奖补政策 | 未提及 | 各省根据财力情况，对满足一定条件的省级农担公司给予一定比例的奖补。奖补资金用于建立省级农业信贷担保系统风险资金池、风险代偿或转增资本金规模等 | 完善"一补一奖"政策，中央及省级财政支持农担公司降低担保费和应对代偿风险对首贷户的奖补标准更高。进一步降费，客户实际费率不超过0.8%（政策性扶贫项目不超过0.5%） |

### 4. 数字化转型与高质量发展（2021年至今）

2017年之后，中国农担体系和农担业务规模加快发展。据财政部提供的消息，截至2020年年底，33家省级公司共设立专职分支机构924家，同时与地方政府或其他金融机构合作设立660家业务网点，对全国县域业务覆盖率达到94%以上；2017—2020年，全国农担业务规模年均增长91%；2020年，全国农担体系新增担保额1919.9亿元，是2019年同期的1.81倍，其中，18个省份放大倍数超过3倍，1141个县级行政区累计担保余额超过1亿元；到2021年年初，全国农担在保余额2117.98亿元，放大倍数3.4倍①。

农担业务快速发展的同时，农担体系运行中内在的问题也不断累积和显现，如高风险和低收益的不匹配、上规模与控风险之间的权衡、代偿不断累积而追偿效果不彰、合作银行去担保化倾向、坚持政策性定位与机构自身可持续发展之间的冲突等问题。这些问题涉及农担政策的激励约束机制、农担公司内部经营管理模式、农担业务外部环境等多重多方面因素。因此，农担政策和农担体系进入一个新阶段，即需要根据新情况，总结经验，全面贯彻新发展理念，坚持"稳字当头、稳中求进"

---

① 《中央财政支持全国农业信贷担保体系发展取得积极成效》，中华人民共和国中央人民政府网站，http：//www.gov.cn/xinwen/2021-02/11/content_5586762.htm。

的工作总基调，推动农担业务稳健、高质量发展，以更好地实现农担政策目标和机构可持续发展。

为了提高农担公司经营管理效率、提升业务质量，顺应数字化浪潮，2021年国家农担公司在深入调研和充分听取各省级农担公司意见建议的基础上，印发了《关于推进全国农担体系数字化转型的指导意见》，从顶层设计上对数字化转型过程中数据资源应用、业务流程再造、风控思路革新、政银担合作及人才机构建设等方面的数字化转型工作给予指导，推动数字化管理理念融入农担体系发展。同年，国家农担公司制订了《国家农担公司数字化转型信息化建设五年规划》，将农担体系数字化转型的总体目标定为"基于全国农担体系业务发展要求，利用大数据、云计算、人工智能、区块链等前沿金融科技，实现数字化运营、数字化决策，逐步打造数字化生态，通过大数据风控推动展业模式调整，实现业务快速上量，为政策制定提供数据依据"。该规划制定了数字化农担建设的"两步三阶段"战略，建立了"三个一"数字化总体规划，即"一系统、一中心、一平台"，一个业务系统是数据管理及再担保业务处理系统，一个数据中心包含新型农业经营主体客户信息库、项目信息库、风险数据库，一个决策平台指经营分析与决策支持平台。国家农担公司的数字化转型规划和指导意见为各省级农担制定自己的数字化转型战略与规划提供了基本指南。

在这一时期对于农担政策和农担体系具有格外重要意义的大事是农担被写入《中华人民共和国乡村振兴促进法》。该法于2021年4月29日由第十三届全国人民代表大会常务委员会第二十八次会议通过，其第63条规定"财政出资设立的农业信贷担保机构应当主要为从事农业生产和与农业生产直接相关的经营主体服务"，这不仅为政策性农担公司的定位和业务范围做出了明确规定，也为农担的发展提供了法律依据。

# 三 中国农业信贷担保组织发展现状与业务模式

## （一）组织发展现状

**1. 组织体系**

根据《关于财政支持建立农业信贷担保体系的指导意见》（财农〔2015〕121号）的总体设计，截至2021年年底，中国农担体系已形成"1+N"的组织架构。其中的"1"是国家农担公司，成立于2016年，是农担体系的"龙头"，其职能是统一农担业务标准、强化系统风险控制、规范农担体系建设，为省级及省以下农业信贷担保机构提供政策和业务指导、行为规范和风险救助、再担保、人员培训和信贷政策对接等服务。国家农担是由财政部和各省级农保公司共同出资成立的，其股东包括财政部和各省级农担公司。

农担体系中的"N"是指全国各省级①农担公司。截至2021年年底，除西藏、上海、深圳外，全国33个省（自治区、直辖市、计划单列市）均已成立农担公司，并在全国粮食主产区及主要农业大县建立分支机构，形成了覆盖全国的农业信贷担保网络，共1677家分支机构，其中省级农担公司设立的有专职人

---

① 含省、自治区、直辖市、计划单列市。

员的分支机构共1041家,与地方政府或其他金融机构合作设立的分支机构有636家。省级农担公司作为一级企业法人,由省级财政部门直接履行出资人职责,实现法人、业务、财务、考核、管理"五独立"。国家农担与各省级农担公司已形成上下联动的"国家—省—市(县)"三级服务体系。

**2. 资本金规模**

如表1所示,2017年至2021年9月,全国农担体系注册资本金总额逐年上升,从487.02亿元增至648.13亿元,增幅为33.08%;33家农担公司的平均注册资本金规模从14.76亿元增加到19.64亿元;其中22家的注册资本金增加,增幅在0.05%—300%,8家没有增加,1家降低,降幅为8.79%。

表1　2017—2021年9月省级农担公司资金变化一览　单位:亿元、%

| 省级农担公司 | 资本金 | | | | | 其间增幅 |
| --- | --- | --- | --- | --- | --- | --- |
| | 2017年 | 2018年 | 2019年 | 2020年 | 2021年9月 | |
| 黑龙江 | 60.50 | 65.80 | 65.80 | 62.30 | 62.30 | 2.98 |
| 河南 | 33.50 | 45.50 | 50.00 | 50.00 | 50.00 | 49.25 |
| 贵州 | 12.50 | 12.50 | 12.50 | 50.00 | 50.00 | 300.00 |
| 内蒙古 | 40.49 | 28.69 | 36.93 | 36.93 | 36.93 | -8.79 |
| 山东 | 32.00 | 32.00 | 36.00 | 36.00 | 40.00 | 25.00 |
| 吉林 | 23.62 | 31.9 | 31.92 | 31.92 | 31.92 | 35.14 |
| 安徽 | 20.00 | 20.00 | 30.00 | 30.00 | 30.00 | 50.00 |
| 云南 | 10.00 | 26.00 | 29.50 | 29.57 | 29.57 | 195.70 |
| 江苏 | 19.00 | 19.00 | 28.00 | 28.00 | 28.00 | 47.37 |
| 四川 | 10.00 | 10.00 | 10.00 | 26.59 | 25.66 | 156.60 |
| 河北 | 24.00 | 24.00 | 24.00 | 24.00 | 24.00 | 0.00 |
| 湖南 | 13.02 | 20.30 | 21.02 | 21.02 | 21.02 | 61.44 |
| 辽宁 | 20.36 | 20.37 | 20.37 | 20.37 | 20.37 | 0.05 |
| 江西 | 19.40 | 20.00 | 20.00 | 20.00 | 20.00 | 3.09 |

续表

| 省级农担公司 | 资本金 | | | | | 其间增幅 |
|---|---|---|---|---|---|---|
| | 2017年 | 2018年 | 2019年 | 2020年 | 2021年9月 | |
| 陕西 | 16.10 | 17.66 | 17.70 | 18.48 | 18.48 | 14.78 |
| 重庆 | 11.38 | 11.38 | 16.51 | 16.51 | 16.51 | 45.08 |
| 山西 | 16.13 | 16.1 | 16.13 | 16.13 | 16.13 | 0.00 |
| 湖北 | 15.24 | 15.24 | 16.00 | 16.00 | 16.00 | 4.99 |
| 广西 | 15.00 | 15.00 | 15.00 | 15.00 | 15.00 | 0.00 |
| 新疆 | 9.87 | 12.10 | 12.10 | 12.17 | 12.17 | 23.30 |
| 广东 | 8.00 | 8.00 | 12.00 | 12.00 | 12.00 | 50.00 |
| 浙江 | 7.40 | 7.40 | 11.00 | 12.00 | 13.00 | 75.68 |
| 北京 | 10.10 | 11.36 | 11.36 | 11.36 | 11.36 | 12.48 |
| 甘肃 | 10.01 | 10.01 | 10.01 | 10.01 | 10.01 | 0.00 |
| 天津 | 9.00 | 9.00 | 9.00 | 9.00 | 9.00 | 0.00 |
| 青海 | 4.50 | 6.00 | 7.50 | 8.50 | 8.50 | 88.89 |
| 福建 | 4.40 | 5.60 | 5.62 | 5.62 | 5.62 | 27.73 |
| 宁夏 | 4.00 | 4.00 | 4.00 | 4.00 | 4.00 | 0.00 |
| 大连 | 3.00 | 3.00 | 3.00 | 3.00 | 3.00 | 0.00 |
| 青岛 | 1.50 | 1.50 | 3.00 | 3.00 | 3.00 | 100.00 |
| 海南 | 1.00 | 2.00 | 2.23 | 2.00 | 2.00 | 100.00 |
| 宁波 | 2.00 | 2.00 | 2.00 | 2.00 | 2.00 | 0.00 |
| 厦门 | — | 0.40 | 0.57 | 0.57 | 0.57 | 42.50 |
| 全体系合计 | 487.02 | 533.81 | 590.77 | 644.07 | 648.13 | 33.08 |
| 全体系合计同比增速 | — | 9.61 | 10.67 | 9.02 | — | — |

资料来源：国家农业信贷担保联盟有限责任公司。

同时，各省级农担公司注册资本金额差距较大。2021年9月，注册资本金最多的是龙江农担公司，为62.30亿元；最低的是厦门市农业融资担保公司，为0.57亿元，前者为后者的109.30倍；注册资本金在2亿元以上的农担公司有32家，占97%。整体上看，全国农担体系中各省农担公司的资金规模都比较大，远远高于农担体系成立之时全国融资担保业的一般水平①，这对于农担公司利用规模经济效应、增强抗风险能力、提高担保服务和可持续发展能力，都具有重要意义。

### 3. 人才队伍

全国农担体系建成以来，员工队伍不断壮大。从2018年的2569人增至2021年的6207人，增长幅度高达152.63%。其中，专职人员由1499人增至2415人，增幅为61.11%；非专职人员从1070人增至3792人，增幅为254.39%（见表2）。值得注意的是，2018—2021年，全国农担体系与地方政府或其他金融机构合作的无专职人员的分支机构的数量下降了34.57%，但非专职人员数量增加了254.39%，说明全国农担体系业务覆盖面和业务量在扩大，服务能力不断增强。

表2　　　　　2018—2021年农担体系员工数量　　单位：人、个、%

| 年份 | 员工总数 | 有专职人员的分支机构 | | 无专职人员的分支机构 | |
| --- | --- | --- | --- | --- | --- |
| | | 机构数 | 专职人员数 | 机构数 | 非专职人员数 |
| 2018 | 2569 | 548 | 1499 | 972 | 1070 |

---

① 2013年中国融资担保业协会159家会员机构中注册资本金在5000万元以下的机构数量占比为19%，5000万元（含）至1亿元的为22%，1亿元（含）至2亿元的为43%，2亿元（含）以上的仅为16%（参见中国融资担保业协会编著《中国融资担保业发展报告（1993—2013）》，中国金融出版社2015年版，第52—53页）。2015年年底，福建省329家融资担保机构的实收资本为348.5亿元，平均每家实收资本1.06亿元（参见许伟河《经济新常态下融资担保机构发展路径探索与思考——以福建省为例》，《福建金融》2016年第10期）。2015年6月底，江苏省40家涉农融资担保机构的注册资本合计为46.3亿元，平均为1.16亿元（参见纪漫云等《江苏农业信贷担保运作模式比较分析》，《江苏农村经济》2016年第4期）。可见，各省级农担公司的资本金规模普遍远远大于全国农担体系初建时全国融资担保机构的一般规模。规模大具有重要意义，可以使农担公司实现规模经济效应。

续表

| 年份 | 员工总数 | 有专职人员的分支机构 | | 无专职人员的分支机构 | |
|---|---|---|---|---|---|
| | | 机构数 | 专职人员数 | 机构数 | 非专职人员数 |
| 2019 | 4722 | 532 | — | 715 | — |
| 2020 | 5514 | 924 | — | 660 | — |
| 2021 | 6207 | 1041 | 2415 | 636 | 3792 |
| 期间增幅 | 152.63 | 89.96 | 61.11 | -34.57 | 254.39 |

注：员工总数＝专职人员数＋非专职人员数。

资料来源：国家农业信贷担保联盟有限责任公司。

同时，全国农担体系人才队伍也呈现学历高、专业背景多元化的特征。以某省农担公司为例，如表3和表4所示，2016—2020年，员工中本科和研究生学历占比达到90.73%；专业背景涵盖经济（含金融）、计算机、法律、财会、农学、行政管理等，其中财经类（含经济、金融和财会类）占比达56.36%。

表3　　　某省级农担公司员工数量（按学历划分）　　单位：人、%

| 年份 | 本科以下 | | 本科 | | 硕士研究生 | | 总计 |
|---|---|---|---|---|---|---|---|
| | 人数 | 占比 | 人数 | 占比 | 人数 | 占比 | 人数 |
| 2016 | 5 | 6.85 | 50 | 68.49 | 18 | 24.66 | 73 |
| 2017 | 8 | 5.84 | 104 | 75.91 | 25 | 18.25 | 137 |
| 2018 | 19 | 7.98 | 191 | 80.25 | 28 | 11.76 | 238 |
| 2019 | 33 | 9.46 | 284 | 81.38 | 32 | 9.17 | 349 |
| 2020 | 32 | 9.28 | 282 | 81.74 | 31 | 8.99 | 345 |

资料来源：某省农担公司。

表4　　　某省农担公司员工数量（按专业划分）　　单位：人、%

| 年份 | 经济（含金融） | | 计算机 | | 法律 | | 财务管理、会计 | | 农学 | | 行政管理 | | 其他 | |
|---|---|---|---|---|---|---|---|---|---|---|---|---|---|---|
| | 人数 | 占比 | 人数 | 占比 | 人数 | 占比 | 人数 | 占比 | 人数 | 占比 | 人数 | 占比 | 人数 | 占比 |
| 2016 | 20 | 27.4 | 3 | 4.11 | 4 | 5.48 | 31 | 42.47 | 6 | 8.22 | 1 | 1.37 | 8 | 10.96 |
| 2017 | 33 | 24.09 | 10 | 7.3 | 8 | 5.84 | 51 | 37.23 | 15 | 10.95 | 3 | 2.19 | 17 | 12.41 |
| 2018 | 68 | 28.57 | 17 | 7.14 | 17 | 7.14 | 70 | 29.41 | 25 | 10.5 | 4 | 1.68 | 37 | 15.55 |

续表

| 年份 | 经济（含金融) | | 计算机 | | 法律 | | 财务管理、会计 | | 农学 | | 行政管理 | | 其他 | |
|---|---|---|---|---|---|---|---|---|---|---|---|---|---|---|
| | 人数 | 占比 | 人数 | 占比 | 人数 | 占比 | 人数 | 占比 | 人数 | 占比 | 人数 | 占比 | 人数 | 占比 |
| 2019 | 97 | 27.79 | 26 | 7.45 | 24 | 6.88 | 101 | 28.94 | 31 | 8.88 | 7 | 2.01 | 63 | 18.05 |
| 2020 | 95 | 27.46 | 27 | 7.8 | 25 | 7.23 | 100 | 28.9 | 32 | 9.25 | 7 | 2.02 | 60 | 17.34 |

资料来源：某省农担公司。

## （二）主要运行模式

### 1. 业务对象

随着国家农担政策的演进，农担业务对象的"双控"范围逐渐扩大，从以粮食适度规模经营的新型经营主体为主，到农业生产（包括农林牧渔生产和农田建设）及与农业生产直接相关的产业融合项目（包括县域范围内农资、农技、农机，农产品收购、仓储保鲜、销售、初加工，以及农业新业态等服务的项目），并突出对粮食、生猪等重要农产品生产的支持；单户在保余额不能超过1000万元，且只有10万—300万元的政策性业务才能得到财政奖补。

### 2. 获客方式

全国农担体系的获客方式主要有四种，一是自主获客，二是银行推荐客户，三是政府推荐，四是通过农业农村部推动的"信贷直通车"平台获客。自主获客主要是农担公司根据当地政府的推荐或者通过本公司基层员工的实地走访获得的信贷担保需求，经审核通过的，再推荐给合作银行，帮助借款人申请贷款；贷款申请经银行审核获得批准的，农担公司即向银行提供担保。在银行推荐客户的情况下，银行从其客户中挑选符合农担公司要求的，向农担公司推荐，农担公司经过对客户的调查和审核，或者基于对银行的信赖而根据银行的审核意见，决定向其推荐的客户贷款提供担保。在政府推荐的情况下，一般是基层政府部门向农担公司推荐当地有信贷需求的重要特色或主导产业的经营主体，由农担公司与银行共同或分别进行保前/贷前调查。

为了改善农户信贷服务状况，尤其是更好地满足新型农业经营主体的融资需求，2021年5月农业农村部开始建立主要为新型农业经营主体融资需求服务的信息平台"信贷直通车"。该平台收集了全国家庭农场、农民合作社等主体金融服务需求信息，对银行和农担公司开放，力求形成"主体直报需求、农担公司提供担保、银行信贷支持"的直通车服务模式。2022年农业农村部出台《关于推进农业经营主体信贷直通车常态化服务的通知》，进一步优化信贷直通车服务，强调"以家庭农场、农民合作社等新型农业经营主体为主，逐步覆盖高素质农民、种养大户、农业社会化服务组织、农业企业（含国有农场）等各类农业经营主体及农村集体经济组织。重点支持10万—300万元额度的适度规模经营贷款需求"。该文件所提出的要求与农担的业务定位相契合，各省级农担公司已陆续开始利用"信贷直通车"平台开展业务。例如，在浙江，客户通过信贷直通车申请贷款后，银行可以根据其资金需求和资信等状况，向其提供农户小额信用贷款或者农担的担保贷款。一般情况下，农户小额信用贷款在30万元以内；如果超过这个额度，且客户资质一般，那么浙江农担就会参与进来，为客户贷款提供担保。截至2022年年底，"信贷直通车"平台在全国范围内累计为78.82万个农业经营主体提供信贷对接服务，申请金额2006.26亿元，成功授信31.62万笔，授信金额1003.63亿元[①]。因此，"信贷直通车"平台拓展了农担体系的获客渠道。

---

① 杨久栋：《"农业信贷直通车"授信突破1000亿元》，《农民日报》2023年1月3日第2版。

**3. 业务审批方式**

从全国范围看，农担体系主要采取两种担保业务审批方式，且每种审批方式与获客方式密切相关。一是逐笔担保，在国际上亦称个案担保方式（Individual Approach），即农担公司对每一笔担保业务都做保前调查，审核通过后分别出具保函，这种方式主要适用于自主获客方式。农担公司在与银行合作初期，对于银行推荐的客户，一般也采用个案担保方式。二是批量担保，在国际上亦称组合担保方式（Portfolio Approach），即农担公司不做保前调查，而是根据银行的贷前调查结果和贷款决定直接出具保函，这样，农担公司可以同时为银行提出的多项贷款业务提供担保。这种方法主要应用在银行推荐客户的获客方式中。

在实际的业务操作中，一些省级担保公司在批量担保中采用了"限率集合"的担保方式，即为锁定业务风险、扩大业务规模，在限定全部贷款代偿率不超过3%和限定贷款利率的前提下，银行将特定贷款业务打包给农担，由农担批量担保；若出险，农担在总体3%的代偿率限度内，与合作银行按分险比例代偿。

**4. 担保放大倍数**

2018年银保监会等七部门联合发布《关于印发〈融资担保公司监督管理条例〉的四项配套制度的通知》（银保监发〔2018〕1号）（以下简称《融担监管配套制度》）。《融资担保责任余额计量办法》的第十五条规定："融资担保公司的融资担保责任余额不得超过其净资产的10倍。对小微企业和农户融资担保业务在保余额占比50%以上且户数占比80%以上的融资担保公司，前款规定的倍数上限可以提高至15倍。"总体上看，最近几年全国农担体系的担保放大倍数呈递增趋势。2019—2021年，全国农担体系净资产①放大倍数分别为 2.01、3.29 和 4.99，两年间分别提高 63.68%、51.67%。

### 5. 风险分担机制

政策性农业信贷担保的风险分担主体主要包括担保机构、地方政府、金融机构和借款者个人。全国各地农担体系建立之后，为避免银行向农担转嫁风险，改变了以往中小企业信用担保机构实践中往往承担 100% 信贷风险的惯例，要求金融机构分担风险，在有些地区还争取到基层政府（主要是县区政府）以财政资金设立风险资金池的方式分担部分风险。这样，各地就形成了"银担"和"政银担"两种基本的风险分担模式。

首先，在"银担"合作分担风险模式中，农担公司一般承担 60%—90% 的风险，这一做法随业务对象或合作银行的不同而有所差异。例如，龙江农担对于个人贷款，与银行的分险比例为 8∶2，对于法人贷款的分险比例为 9∶1。山东农担则根据银行类型及规模大小，施行阶梯式银担分险比例，保留银行 20%—40% 的风险敞口，以控制代偿风险和提高合作银行的积极性。对于工、农、中、建、邮等大型国有银行，按照银担 2∶8 的分险比例签署协议；对于全国性股份制银行按照 2∶8 的分险比例签订协议，并争取 3∶7 分险；对于地方性商业银行、农商行全部按照 3∶7 的分险比例签署协议；对于村镇银行按照 4∶6 的分险比例签署协议。此外，山东农担还建立了代偿熔断机制，即与银行合作的担保项目自然年度代偿率达到 3%（含）时，停止开展新的业务合作，全力化解风险，待代偿率降至 3% 以内时，经双方协商一致，再恢复新业务合作。

其次，在"政银担"合作分担风险模式中，各地根据基层县区的财政状况和是否有担保机构，其合作模式也略有不同。

---

① 净资产是指扣除对国家农担公司股权投资后的年均净资产，下同。

例如，浙江省农担由于没有基层分支机构，主要依靠与浙江省各级农民合作经济组织联合会（以下简称"农合联"）以及区县担保机构合作开展担保业务。其主要做法是成立由省财政和区县财政共同出资形成的农业信贷担保风险资金池，用于信贷风险补偿，其中，风险资金池承担30%信贷风险，其余部分由浙江农担、区县担保机构与合作银行按约定比例分担，一般为浙江农担25%，区县农担25%，银行20%。如果区县没有担保机构，则浙江农担承担50%。对于浙江农担而言，政银担模式进一步降低了其风险承担比例。对于地方政府和担保机构而言，政银担模式提高了本地财政和机构的担保能力，并分散了其业务风险。河南省农担公司也采用了政银担模式，县级政府设立农业信贷担保风险补偿金，省财政则安排农业信贷担保风险补偿引导资金，对县（市、区）给予支持和奖补。对于省农担的业务风险，由县级农业信贷担保风险补偿金、省农业信贷担保机构和相关银行业金融机构按照4∶4∶2的比例分担。在江苏省，地市级政府建立农业信贷担保风险补偿基金，由江苏农担管理，出险后风险补偿基金、江苏农担和相关银行按照2∶6∶2的比例进行分担。在地方政府分担的20%风险中，市级财政承担10%、县级财政承担10%。在地方政府参与分担风险的条件下，江苏农担对借款人不设分担风险的要求，特别是对合作银行，要求其原则上不得追加其他担保措施；如果银行追加了其他担保措施，则约定对于追偿所得，各方按风险分担比例受偿。

最后，借款人提供反担保。农担产生的重要原因之一是农业经营主体缺乏能够满足银行贷款担保要求的抵质押物。但是，农担公司承担了贷款担保责任后，为了防范自身承受的风险，有时会要求被担保人提供反担保。反担保形式多样，有物保，也有人保，但以第三方人保为主，主要是家人或亲友提供的保证。

尽管农担公司可能有反担保要求，但反担保条件一般都大大弱于银行的要求。银行一般都要求以具有可变现价值的固定资产作为抵质押物，而农担公司反担保条件更为宽松。例如，浙江农担要求的反担保形式多样，如家庭成员信用反担保、资产反担保、财产权利反担保、公职人员反担保、上下游客户反担保，等等。此外，结合农业经营主体经营项目的特点，浙江农担还开发了财政补助收益权[①]、苗木抵押、茶园证等新型反担保措施，同时可要求成年子女、家庭成员等作为共同还款人，增强第二还款来源保障，违约后共同还款人也会列入失信人名单。

通过各种反担保措施，农业经营主体的平均担保贷款期限有所延长、担保额度有所提高、还款方式更为多样。

### 6. 应急转贷支持

持续经营的农业经营主体常常在贷款即将到期而没有足够资金还款，被迫从各种渠道筹借高息的过桥资金。为解决这一问题，一些地方政府配合农担公司，创新财政支持工具，以财政资金设立应急续贷周转金。例如，河南省和江苏省南通市均为农业信贷担保设立应急续贷周转金。河南的做法是，要求县级政府设立一定规模的农业信贷担保应急续贷周转金，对因自然灾害、疫情及其他非主观因素等造成暂时性经营困难，到期不能偿还贷款的经营主体给予应急续贷周转。南通市的农担应

---

① 反担保措施中较有特点的"财政补助收益权反担保"体现在有财政支农政策嵌入的"财农贷"产品中，该产品主要为解决农业项目实施前期的经费缺口问题，产品服务对象为获得财政支农补助项目支持的新型农业经营主体。经营主体提供相关部门的证明文件后申请"财农贷"担保服务，以预期的财政补助资金作为质押获得担保贷款，贷款额度不超过所获财政补助总额。浙江农担为"财农贷"开立专门的贷款监管账户，后期项目验收通过后，财政补助资金不再经过经营主体，而直接划至贷款专户用于还款，形成了资金闭环。

急转贷资金为客户在两轮担保贷款之间提供临时的周转资金服务。

**7. 与基层政府部门的协作**

农担业务的开展离不开地方政府的支持。支持本地农业发展、推动农民增收，也是地方基层政府的重要职责。农担在本地开展业务，意味着在本地投入财政资金，撬动金融资金来支持农业农村发展，受到基层政府的普遍欢迎。因此，各省级农担公司与地方基层政府都有合作的意愿。

在基层政府对农担的支持中，除了出资建立风险资金池之外，还有不少基层政府为农担办事机构免费提供办公场地、兼职办公人员，召开金融机构参与的农担业务推介会，组织农经站和乡镇政府人员以及村民参加的农担业务宣传活动。基层政府的支持不但提高了地方相关部门对农担业务的重视和支持，也提高了农担公司的知名度和可信度。

**8. 信用信息平台建设与应用**

在经济社会发展方式快速数字化转型的大背景下，根据财政部和国家农担公司的要求，并基于自身发展需要，各省级农担公司纷纷向建立数字化信用信息平台的方向努力。建立数字化信用信息平台的第一步是要解决数据来源，各省级农担依托省政府支持，从有关部门获取部分政务数据、财政补贴等数据，建立起涉农经营主体的信用信息库；或者接入本省大数据中心，根据需要获得更丰富的信用数据。

例如，山东农担省公司负责对接省农业农村厅、市场监管局、民政厅等省级部门，获取全省涉农主体基础数据，构建以涉农主体名称、社会信用代码、经营规模等为主要标识的涉农主体数据库，并通过省大数据局接入婚姻登记、土地确权、房产套次、学历、企业环保和环保处罚等10个省直部门共37个数据源接口,通过部分市县政府部门机构接入地方信用数据。此外,山东农担在基层的业务管理中心和办事处负责与各区县、镇办对接,补充各地土地流转、政策性保险、财政补贴、畜牧防疫等省级汇总不足的数据。各类数据通过涉农主体数据采集系统统一纳入数据中台管理。截至2021年10月,山东农担的涉农主体数据库共收录涉农主体61.7万个,关联数据5632万条,涉及工商注册、部门备案、行业协会、保险、补贴等20多个数据来源。

同样,浙江农担也利用政府部门的农业数据、政务数据以及第三方数据,建立了农业经营主体数据库,建立了农业经营主体信用评价体系和反欺诈、风险预警等风控模型。此外,2019年浙江农担成功接入中国人民银行企业和个人征信系统,能够获取企业和个人经营主体的基本信息及信用状况。2021年,浙江农担实现首笔个人担保客户征信报告查询,成为全国农担体系首家获得征信查询权限的农担公司和省内首家获得该权限的担保公司,由此可以为农业经营主体做更精准的"画像"。

### 9. 担保费

全国农担体系发展初期没有关于担保费水平的明确要求,有些省级农担公司收取的担保费率在1%—2%。2020年财政部〔财农〕15号文明确要求,政策性农担业务贷款主体实际负担的担保费率不应超过0.8%(政策性扶贫项目不超过0.5%)。此后,各省农担公司纷纷下调担保费率,但差异明显。例如,2021年全国农担体系平均担保费率为0.62%,最高担保费率为2%,最低担保费率为0.13%,仅为平均费率的20.97%(见图1)。

为了突出支持规模化粮食生产、增强粮食安全的农担政策初衷,一些省级农担公司对不同的担保客户采取了差异化担保费率。例如,浙江农担对粮食规模化经营者担保贷款的担保费率为每年0.5%,对其他类别贷款则每年收取0.8%。

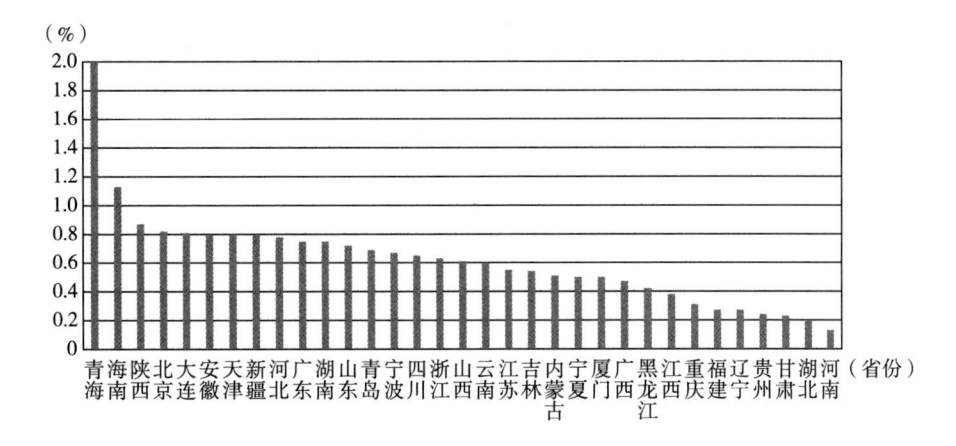

**图 1　2021 年 33 家省级农担公司平均担保费率**

资料来源：国家农业信贷担保联盟有限责任公司。

**10. 担保费补助和业务奖补**

为确保农担公司可以在收取较低担保费、承担较高担保风险的情况下持续运营，财政部等部委出台财农〔2017〕40 号和财农〔2020〕15 号文，对满足一定条件的省级农担公司采取"一补一奖"政策，即由中央财政和省级财政对政策性农担业务实行担保费用补助和业务奖补（以下非必要分述时，统称"奖补"）。其中，担保费补助主要针对农担公司低收费，弥补农业信贷担保的业务费用；业务奖补资金是针对农担公司承担较高担保风险而分险手段有限的状况，用于建立省级农业信贷担保系统风险资金池、风险代偿或转增资本金规模等，弥补代偿风险。

财农〔2020〕15 号文要求，自 2021 年起五年内，中央财政对政策性农担业务的担保费用补助资金按照"政策性业务规模（上年末政策性业务在保余额与上年新增当年解保且实际担保期限 6 个月以上的政策性业务规模之和，下同）×补助比例（1.5%）×奖补系数"测算，业务奖补资金按照"政策性业务规模×奖补比例（1%）×奖补系数"测算，并按照各地落实上年中央财政奖补资金情况进行结算。一些省级财政根据财农〔2020〕15号文实行进一步的担保费用补助和业务奖补政策。以江苏农担为例，江苏省财政和各地市财政为降低担保费率并促进农担发展，实施一系列奖补政策（见表5）。

表5　江苏省促进农担发展的支持政策

| 文件名称 | 文件中有关财政奖补资金的内容 |
| --- | --- |
| 江苏省财政厅、江苏省农业农村厅《关于下达政策性农业信贷担保业务保费补助资金的通知》（苏财农〔2018〕144号） | 省财政对公司符合"双控"标准的政策性担保业务予以补助，补助标准为：对粮食适度规模经营主体担保费率补助2%，对其他符合条件的主体补助担保费率1.5% |
| 省财政厅与省农业农村厅《关于下达2019年农业信贷担保资金的通知》（苏财农〔2019〕58号） | 下达江苏省农担公司2018年政策性农担业务保费补助清算资金1488万元；预拨2019年江苏省农担公司政策性农担业务保费补助及业务奖补资金5112万元 |
| 江苏省农业农村厅、江苏省财政厅、江苏省农业保险工作领导小组办公室、中国银保监会江苏监管局《关于促进生猪生产恢复发展有关扶持政策的通知》（苏农牧〔2019〕32号） | 2019年8月20日至2019年10月31日，对符合担保条件的种猪场（含地方猪种场）和年出栏5000头以上规模猪场减免担保费用 |
| 江苏省财政厅、江苏省农业农村厅《关于应对疫情影响加大政策性农业融资担保支持重要农产品稳产保供的通知》（苏财农〔2020〕4号） | 疫情防控期间，省农担公司对我省符合条件的承担粮食、蔬菜、肉蛋奶、水产品等生活必需重要农产品稳产保供的新型农业经营主体新增提供融资担保的担保费，在现行1%的基础上减半收取，确保实际收取的担保费不高于0.5%减收部分由省财政承担 |
| 《关于对南京市农业融资担保费补助的通知》 | 2020年9月1日至2020年12月31日由南京分公司担保的项目，直接免收担保费 |
| 泰州市财政局、泰州市农业农村局《泰州市农业信贷担保体系建设财政补助资金实施办法》（泰财农〔2020〕65号） | 对新型农业经营主体负担的担保费按不高于60%的标准进行补助 |
| 《南京市促进融资担保支持小微企业、"三农"发展奖补实施办法》 | 担保机构对"三农"、科技企业、文化企业以及战略性新兴产业企业开展的担保业务，按照申报年度季均在保余额给予不高于3%的补贴 |

此外，为了防控担保业务风险，财政奖补资金也与风险考核挂钩。在中央财政层面，财政部在省级农担考核管理办法中涵盖风险维度的考核，并作为中央财政奖补资金的发放依据。

同时，对于地方财政充足的省份，中央鼓励省级财政提供奖补。以山东为例，自2018年起，山东省将绩效考核作为兑现奖补政策的主要依据，由省财政厅、省农业农村厅、省地方金融监管局根据职责分工，对山东农担公司年度业务开展情况进行评价打分，主要关注可持续发展、政策性业务、风险控制、日常管理四类指标。其中，风险控制指标占30%，重点考核担保业务代偿率、担保准备金提取比例、内部风险控制等情况；日常管理指标占10%，重点考核公司年度财务会计报告、代偿风险统计报告、年度审计报告、月度财务快报等报送情况，体现出对风险防控的严格要求。

**11. 担保贷款利率**

农担公司的担保分担了银行信贷风险，银行贷款利率应该降低。财政等部委的农财〔2020〕15号文提出"鼓励银行业金融机构履行支农支小职责，降低省级农担公司担保贷款利率"。因此，省级农担公司与银行合作时一般都约定贷款利率上限。这个上限均低于当地农村信贷市场的一般利率水平。

**12. 贴息**

在压降贷款利率的同时，为了进一步解决农户尤其是规模化粮食种植户或地方重点支持农业产业的经营主体的"贷款贵"问题，一些地方政府以财政资金为担保贷款提供贴息。例如，2017年浙江省出台了《关于进一步完善粮食生产贷款贴息政策的通知》，对符合贴息条件的种粮大户、家庭农场、农民专业合作社等规模化种粮主体（含农担客户）发放的贷款（含已发放未到期的存量贷款），由省财政按3%的贴息率给予贷款贴息（逾期贷款不予贴息）。2021年河南省人民政府办公厅印发了《关于进一步发挥农业信贷担保作用助推农业高质量发展的实施意见》，提出选择农业产业基础好、政府意愿强的县（市、区）

开展财政贴息试点工作，对省农业信贷担保机构支持的农业适度规模经营主体给予一定比例的贴息。山东省财政厅先后出台了三个政策对担保贷款进行贴息，一是针对 2019 年 5 月 5 日至 2021 年 5 月 4 日到期且结清的项目，给予经营主体 2.175% 的贴息。二是在 2020 年 2 月 3 日至 2021 年 5 月 4 日的新冠疫情期间为农产品稳产保供，对新增担保项目给予 3.175% 的贴息。三是 2021 年 5 月 5 日至 2024 年 5 月 4 日，给予 2% 的贷款贴息[①]。

---

① 国家农担公司编：《农担发展纵横》2021 年第 13 期（总第 13 期），2021 年 9 月 10 日。

# 四 中国农业信贷担保政策的成效

## (一) 农担体系发展和业务绩效的评价指标与方法

### 1. 国家政策的考核指标体系

国家农担政策关于农担体系发展和业务绩效的考核指标体系是逐步建立和完善起来的。财农〔2015〕121号文是农担体系建立的基本依据,但对农担体系发展和业务绩效的考核只提出了原则性要求。这些要求可以概括为两个方面,一是要体现政策性,要求农担公司专注于支持粮食生产经营和现代农业发展。二是要市场化运作,以机构和业务的可持续发展为运营目标,依法依规建立健全公司法人治理结构,组建专业化经营管理团队,承担市场经营的相应风险。但该文件要求降低或弱化盈利考核要求,在可持续经营的前提下,着力降低信贷担保业务收费标准,重点考核农担业务规模、项目个数、为农服务、风险控制等情况。可见,在政策性和市场化运作之间,财农〔2015〕121号文对农担业务绩效的考核更侧重于政策性。从全国农担体系建成以来担保费一降再降乃至如今运营仍然离不开财政奖补资金支持的情况看,国家政策对农担业务绩效考核重点一直都是政策性绩效。但是,财农〔2015〕121号文缺乏量化考核标准,其中唯一可量化的考核指标是"对从事粮食生产和农业适度规模经营的新型经营主体的农业信贷担保余额不得低于总担保规模的70%"。

在财农〔2015〕121号文的基础上，财农〔2017〕40号文初步建立起具有可操作性的考核指标体系。首先，该文件明确了农担政策的目标是"专注服务农业、专注服务农业适度规模经营主体"，并要求各省农担公司在该文件颁布之后不得开展任何非农担保业务。其次，该文件明确了农担的政策性业务标准，即"双控"。一是控制业务范围，即服务范围限定为粮食生产、畜牧水产养殖、菜果茶等农林优势特色产业，农资、农机、农技等农业社会化服务，农田基础设施，以及与农业生产直接相关的第一、第二、第三产业融合发展项目，家庭休闲农业、观光农业等农村新业态。二是控制担保额度，即服务对象聚焦家庭农场、种养大户、农民合作社、农业社会化服务组织、小微农业企业等农业适度规模经营主体，以及国有农（团）场中符合条件的农业适度规模经营主体，单户在保余额控制在10万—200万元，对适合大规模农业机械化作业的地区可适当放宽限额，但最高不超过300万元。在"双控"标准中，第二个标准中含有控制服务对象和担保金额两项内容。所以，"双控"可以进一步细分为"三控"，即控制业务范围、业务对象和单户业务金额。再次，为了适应各地不同情况并为提高省级农担公司的发展能力，该文件对业务种类也给出一定的灵活度，即省级农担公司可以做少量的政策外业务，但是对此类业务的单个经营主体在保余额不得超过1000万元。最后，为了保证农担政策目标的实现，该文件还明确省级农担公司符合"双控"标准的担保额不得低于总担保额的70%。

为了完成上述政策目标，财农〔2017〕40号文中的试行考核指标分为4个维度14项指标：一是组建进展，省级农担公司独立性、省指导委员会成立和基层分支机构组建三项指标。二是制度建设，包括省级担保费用补助办法、担保业务奖补办法、绩效考核办法、监督管理机制建设和其他管理制度5项指标。

三是业务开展和风险防控，包括净资本金放大倍数、政策性业务占比、代偿率和非农业务担保情况4个指标。四是信息报送，包括工作进展、统计报告2项指标。因为该文件的考核办法主要是针对全国农担体系发展初期的组建和运行绩效，到2019年以后不能适应农担体系快速发展的考核需要。

财农〔2020〕15号文在财农〔2017〕40号文的基础上优化了农担体系发展和业务绩效考核指标体系。该文件将考核指标分为5个维度共12项指标：第一个维度是机构建设，包括省级农担公司独立性、成立省指导委员会和基层服务网络覆盖3项指标。第二个维度是制度建设，包括省级担保费用补助、担保业务奖补和绩效评价的办法和落实3项指标。第三个维度是业务开展，包括放大倍数、政策性业务比例和遵守业务范围3项指标。第四个维度是风险防控，包括考虑代偿追偿的担保代偿率和逾期3个月未代偿比率2项指标。第五个维度是对全国农担体系的贡献，包括1项指标，即工作总结、业务创新、典型经验和案例报送（见表1）。

表1　　财农〔2020〕15号文《农业信贷担保工作绩效评价评分表》综合评价指标

| 评价维度 | 评价指标 | 指标解释 |
| --- | --- | --- |
| 机构建设 | 省级农担公司独立性 | 公司实现五独立，没有母公司，直接接受同级财政部门的业务指导和绩效评价 |
| | 成立省指导委员会 | 成立省农业信贷担保工作指导委员会并有效发挥职能 |
| | 基层服务网络覆盖 | 在农业大县设置服务网点，明确固定人员 |
| 制度建设 | 担保费用补助 | 按照中央有关要求出台省级农担公司担保费用补助办法并落实到位 |
| | 担保业务奖补 | 按照中央有关要求出台省级农担公司担保业务奖补办法并落实到位 |
| | 绩效评价 | 按照中央有关要求出台对省级农担公司的绩效评价办法并落实到位 |

续表

| 评价维度 | 评价指标 | 指标解释 |
| --- | --- | --- |
| 业务开展 | 放大倍数 | 在保放大倍数高于3倍（含，下同），或新增放大倍数高于3倍且在保放大倍数高于2.5倍 |
|  | 政策性业务比例 | 10万—300万元农业担保项目的政策性担保余额与总在保余额的比值高于80% |
|  | 遵守业务范围 | 没有新增非农业务和1000万元以上业务 |
| 风险防控 | 考虑代偿追偿的担保代偿率 | 考虑代偿追偿的担保代偿率控制在3%以内 |
|  | 逾期3个月未代偿比率 | 逾期未代偿比率（与银行另有书面约定，或存在银行恶意转嫁风险等有争议的除外）控制在0以内 |
| 对全国农担体系的贡献 | 工作总结、业务创新、典型经验和案例报送 | 按照财政部或国家农担公司要求及时报送省级担保运营情况、统计数据、业务产品模式、典型经验和案例等 |

财农〔2020〕15号文同时制定了《省级财政部门对省级农担公司绩效评价评分指引》（以下简称《省级评分指引》），为省级财政部门制定各自的农担业务评价指标体系提供指导。《省级评分指引》规定了两级指标。一级指标有4项：政策性定位、经营能力、风险防控和体系建设。二级指标共14项，包括：一级指标"政策性定位"下的遵守"双控"范围情况、政策性业务规模占比、政策性业务规模、政策性业务户数、担保费率5项指标；一级指标"经营能力"下的放大倍数、国有资产保值增值率2项指标；一级指标"风险防控"下的代偿率、代偿追偿率、拨备覆盖率、依法合规经营情况、未发生重大风险事件5项指标；一级指标"体系建设"下的基层服务网点和专职人员队伍建设与公司运营情况、统计数据、业务产品模式、风控机制建设、典型经验和案例等信息报送两项指标（见表2）。

从财农〔2020〕15号文规定的中央和省级两级考核指标体系可以看到，国家政策对于农担体系发展及其业务的考核重点是在组织制度建设、业务的政策性和风险防控上，而不是农担体系的自我可持续发展能力。

表 2　　财农〔2020〕15 号文《省级财政部门对省级
农担公司绩效评价评分指引》指标体系

| 一级指标 | 二级指标 |
| --- | --- |
| 政策性定位 | 遵守"双控"范围情况 |
| | 政策性业务规模占比 |
| | 政策性业务规模 |
| | 政策性业务户数 |
| | 担保费率 |
| 经营能力 | 放大倍数 |
| | 国有资产保值增值率 |
| 风险防控 | 代偿率 |
| | 代偿追偿率 |
| | 拨备覆盖率 |
| | 依法合规经营情况 |
| | 未发生重大风险事件 |
| 体系建设 | 基层服务网点和专职人员队伍建设 |
| | 公司运营情况、统计数据、业务产品模式、风控机制建设、典型经验和案例等信息报送 |

## 2. 本报告绩效考核指标与方法

农担体系是政府与市场结合的财政与金融协同的机制创新，是农业支持保护政策的市场化延伸，因此，农担业务既有政策性，又具市场化运作特征。财农〔2015〕121 号文确立的农担公司运行的五项基本原则之一就是市场化运作，要求农担公司"以可持续发展为运营目标，依法依规建立健全公司法人治理结构，组建专业化经营管理团队，实行市场化运作，承担市场经营的相应风险"。财农〔2020〕15 号文也提出，农担公司应"在可持续经营前提下，不以营利为目的，突出放大倍数、'双控'政策执行、风险防控等核心指标"。但是，在上述国家政策关于农担体系发展和业务绩效考核指标体系中，考核市场化运作绩效的指标较少，尤其是可以直接反映机构可持续发展能力的指标，如自负盈亏能力。

对于在推动社会发展的同时又追求实现自身可持续发展的机构，其绩效考核指标应能反映这双重目标实现的程度。对于农担体系也应采用这样的原则和方法。本报告基于实地调研和能够获得的数据，借鉴国际上关于小额信贷机构双重目标的绩效评价方法①，结合中国农担政策关注和农担体系运行情况，将农担体系发展和业务绩效评价指标分为两部分，一是政策性绩效，考核农担体系撬动更多金融资源支持农业农村经济发展的政策效果。二是可持续性绩效，考核农担体系自身可持续发展的能力。

政策性绩效包括三级指标，一级指标有4项，二级指标有9项，三级指标有19项（见表3）。在一级指标中，本报告关注了农担对撬动金融资源支农的贡献、政策精准性、客户农业综合融资成本降低程度、客户信用能力提升度②。其中，前两个一级指标之下除了设有二级指标，还设计了三级指标。需要特别说明的是，在二级指标"撬动的农业信贷增量"下的三级指标中

---

① 国际上对推动减贫和社会发展并市场化运营的小额信贷机构称为具有双重目标（double-bottom line）的机构，对其运行绩效进行评价的指标体系分为两部分，即社会绩效和财务绩效。社会绩效是评价小额信贷机构对目标群体家庭经济和社会地位状况改善的贡献程度，财务绩效是评价小额信贷机构自身可持续发展的能力，即实现自负盈亏而无须外部补贴的能力。只有社会绩效和财务绩效均良好，才可以同时实现促进社会发展和机构自身持续发展的双重目标。参见 The SEEP Network, "Measuring Performance of Microfinance Institutions: A Framework for Reporting, Analysis, and Monitoring", 2005。

② 农村集体经济发展是乡村振兴和农村农民共同富裕的重要途径，受到中央和全社会的高度重视。过去几年中，一些省级农担公司开始了支持农村集体经济发展的探索。中国实施脱贫攻坚战略和遭遇新冠疫情是两段特殊而重要的历史时期，农担体系按照国家和地方政府部署，开展了助力脱贫攻坚和缓解新冠疫情对农业农村经济影响的工作。因此，本报告对上述三个方面也作为农担体系的政策性绩效进行分析，但没有列入绩效考核指标框架。

有"首贷担保项目数量和贷款金额"。首贷是指首次获得银行等金融机构贷款。首贷客户在农担公司增信的情况下才能得到银行贷款,说明对于银行来说他们一般是缺乏信用信息和合格担保物、风险较高或经营成本较高的服务对象。这个群体也正是农村贷款难、贷款贵的主要痛点和难点所在,应是政策性农担重点支持的对象①。因此,财农〔2020〕15号文提出,要"鼓励省级农担公司拓展对农业适度规模经营主体的首贷业务"。

可持续性指标也分为两级,其中一级指标有3项,二级指标有16项(见表3)。3项一级指标分别是资产质量、自负盈亏能力和经营效率②。资产质量有8项二级指标,分别涉及担保贷款逾期率、担保代偿率、代偿追偿率、有效运营资产占比、再担保项目数量和金额与再担保赔付项目数量和金额③。自负盈亏能力的二级指标有4项,分别是担保费收入占比、自负盈亏率、财政补贴依赖度和国有资产保值增值率。经营效率包括4项二级指标,分别是净资产放大倍数、财政资金效能、成本收入比和全员劳动生产率。

---

① 首贷担保项目情况同时也反映了农担业务的政策精准性,但由于不能同时放在不同的绩效评价指标下,仅作为"撬动农业信贷增量"的三级指标。特此说明。

② 对于一个经营性金融机构,衡量其可持续发展能力的较好指标应该包括三个方面,一是盈利能力指标,例如利润率、资产收益率、资本收益率等。二是资产质量指标,例如贷款逾期率、风险贷款比率等。三是经营效率指标,例如人均业务量(可以是人均业务金额或者人均客户数量)、单位业务成本等。此外,还有一些重要的综合性衡量指标,例如操作自负盈亏率(不考虑资金成本的收入覆盖成本的能力)、财务自负盈亏率(考虑资金成本的收入覆盖成本的能力)等。但是,由于本报告得不到有关经营管理成本和资产质量的数据,无法使用上述指标对农担体系的可持续性绩效进行比较全面和精确的分析。本报告只能根据数据可得性,进行有限的分析。这是需要特别说明的。

③ 衡量资产质量的指标还应该有担保损失率、拨备覆盖率等。但是由于相关数据不可得,本报告不做分析。

**表 3　中国农业信贷担保体系运行绩效评价指标框架**

| 维度 | 一级指标 | 二级指标 | 三级指标 |
| --- | --- | --- | --- |
| 政策性绩效 | 对撬动金融资源支农的贡献 | 担保业务规模及其增速 | 年度新增担保项目数 |
| | | | 年度新增担保金额 |
| | | | 年末在保项目数 |
| | | | 年末在保余额 |
| | | 撬动的农业信贷增量 | 首贷担保项目数 |
| | | | 首贷担保项目贷款金额 |
| | | | 贷款金额增加的既有客户数 |
| | | | 既有客户贷款增加额 |
| | 政策精准性 | 担保对象构成 | 各类担保对象在保余额占比 |
| | | 担保领域构成 | 各种担保领域在保余额占比 |
| | | 单笔担保构成 | 户均新增担保额 |
| | | | 单笔担保贷款 10 万元以下在保项目余额占比 |
| | | | 单笔担保贷款 10 万（含）—300 万（含）元在保项目余额占比 |
| | | | 单笔担保贷款 300 万—1000 万（含）元在保项目余额占比 |
| | | | 单笔担保贷款 1000 万元以上在保项目占比 |
| | | 担保期限构成 | 6 个月以下担保期的在保余额 |
| | | | 6—12 个月（均含）担保期的在保余额 |
| | | | 12—36 个月（含）担保期的在保余额 |
| | | | 36 个月以上担保期的在保余额 |
| | 客户农业综合融资成本减低程度 | 担保费率 | |
| | | 贷款利率 | |
| | 客户信用能力提升度 | 毕业率 | |
| 可持续性绩效 | 资产质量 | 担保贷款逾期率 | |
| | | 代偿率 | |
| | | 代偿追偿率 | |
| | | 有效运营资产占比 | |
| | | 再担保项目数量 | |

续表

| 维度 | 一级指标 | 二级指标 | 三级指标 |
|---|---|---|---|
| 可持续性绩效 | 资产质量 | 再担保项目金额 | |
| | | 再担保赔付项目数量 | |
| | | 再担保赔付项目金额 | |
| | 自负盈亏能力 | 保费收入占比 | |
| | | 自负盈亏率 | |
| | | 财政补贴依赖度 | |
| | | 国有资产保值增值率 | |
| | 经营效率 | 净资产放大倍数 | |
| | | 财政资金效能 | |
| | | 成本收入比 | |
| | | 全员劳动生产率 | |

## （二）政策性绩效

全国农担体系在发展过程中，政策效果逐渐显现，撬动了数倍于自身资金规模的金融资本投入农业农村经济发展中。

**1. 撬动更多金融资源支持农业农村经济发展**

撬动金融资源支持农业农村经济发展，解决农业经营主体融资难问题是农担政策的首要目标。全国农担体系自建立以来业务规模不断扩大，有效撬动了金融资源增加对农业农村经济发展的供给。

（1）业务规模快速增长。业务规模是考核农担政策成效的重要指标。从全国范围看，农担体系业务规模呈逐年快速增长态势。从当年新增项目看，2018—2021年农担当年新增担保额从640.60亿元增至2768.70亿元，增长了332.20%；当年新增项目数从19.18万个增长到83.40万个，增加了334.83%。从在保余额看，2018—2021年农担在保余额从684.70亿元增长至3217.90亿元，增长了369.97%；同期在保项目数从 21.27 万个增至 104.2 万个, 增加了 389.89%（见表 4、表 5）；平均每家省级农担公司的在保余额从 20.75 亿元提高到 97.51 亿元①。农担业务规模的快速增长说明越来越多的农业经营主体通过农担的担保而获得了贷款, 农担体系的政策性作用正在不断显现。

表 4　　2018—2021 年全国农担体系新增担保业务情况

单位：亿元、万个

| | 当年新增担保金额 | 当年新增项目数 |
|---|---|---|
| 2018 年 | 640.60 | 19.18 |
| 2019 年 | 1058.86 | 33.09 |
| 2020 年 | 1919.90 | 68.84 |
| 2021 年 | 2768.70 | 83.40 |
| 其间增长率（%） | 332.20 | 334.83 |

资料来源：国家农业信贷担保联盟有限责任公司。

表 5　　2018—2021 年全国农担体系在保业务情况

单位：亿元、万个

| | 在保余额 | | 在保项目数 | |
|---|---|---|---|---|
| | 农担体系 | 平均每家省农担公司 | 农担体系 | 平均每家省农担公司 |
| 2018 年 | 684.70 | 20.75 | 21.27 | 0.64 |
| 2019 年 | 1190.32 | 36.07 | 38.82 | 1.18 |
| 2020 年 | 2117.98 | 64.18 | 74.89 | 2.27 |
| 2021 年 | 3217.90 | 97.51 | 104.20 | 3.16 |
| 其间增幅（%） | 369.97 | 369.97 | 389.89 | 389.89 |

资料来源：国家农业信贷担保联盟有限责任公司。

（2）有效撬动农业信贷增加。信贷增加量（additionality），

---

① 2013 年中国融资担保业协会 159 家会员机构的担保余额共计 5528.23 亿元, 平均每家 33.77 亿元（参见中国融资担保业协会编著《中国融资担保业发展报告（1993—2013）》, 中国金融出版社 2015 年版, 第 52 页）。

是指通过农担公司的担保而增加的信贷供给数量,包含增加的借款人数量和贷款金额。在增加的借款人中,含有在获得农担公司担保之前就可以得到银行贷款的借款人,但是经由农担公司担保,其贷款额度有所增加,更好地满足了其需求;也含有在农担公司担保之前未获得过银行贷款的借款人,即农担政策中所称的首贷户。

为了更好地发挥农担政策增信和撬动金融资源投入的作用,国家农担政策非常重视对信贷增加量的考核,尤其是针对首贷户的担保业务。但因缺少全国层面数据,本报告无法分析全国范围内农担体系的首贷业务开展情况,仅以江苏农担的情况做简要分析①。2020—2021年,江苏农担新增首贷户担保项目个数在当年担保项目数量中的占比分别是4.02%和3.50%,担保项目金额在当年担保项目金额中的占比分别是3.72%和3.35%(见表6)。尽管首贷业务占比不高,但是也反映出农担确实发挥了撬动金融资源支持农业农民发展的作用,增加了农村金融服务供给。而且,随着农担业务覆盖面的逐步扩大,首贷的情况会越来越少。正如江苏农担首贷业务情况所反映,2021年首贷担保项目数量与金额的占比均比上年下降(见表6)。

表6　　　　　2020—2021年江苏农担首贷业务情况

单位:个、万元、%

| 年份 | 首贷担保项目数量 | | 首贷担保项目金额 | |
| --- | --- | --- | --- | --- |
| | 个数 | 占比 | 金额 | 占比 |
| 2020 | 558 | 4.02 | 38228 | 3.72 |
| 2021 | 578 | 3.50 | 42919 | 3.35 |

注:计算占比的分母分别为当年新增项目数和当年新增担保额度。
资料来源:江苏省农业融资担保有限责任公司。

---

① 此处分析不应被理解为全国的一般情况,一是因为没有全面的数据支撑,二是因为江苏农担业务发展较好,不代表全国的一般情况。

对于因农担公司担保而获得更多贷款的情况,同样由于缺少全国层面数据,这里以江苏农担和浙江农担为例进行分析。2020年江苏农担的经营性贷款担保项目中有9216个的贷款额比未获得农担担保时有所增加,占全部经营性贷款项目数的比例为66.47%,贷款金额增加了481884万元,增幅达403.39%。2021年江苏农担担保项目的贷款增加额的增幅更是高达810.50%。同样,浙江农担的客户通过担保后,一般情况下其贷款额度可从几十万元提升到几百万元。这进一步说明了农担撬动了金融资本,增加了信贷服务供给,为解决"三农"贷款难问题发挥了积极作用。

表7　　2020—2021年江苏农担为客户带来的贷款增加情况

单位:个、%、万元

| 年份 | 贷款额有增加的担保项目数 | | 贷款额有增加的担保贷款额 | | 贷款增加额 | |
| --- | --- | --- | --- | --- | --- | --- |
| | 个数 | 占比 | 金额 | 占比 | 金额 | 增幅 |
| 2020 | 9216 | 66.47 | 601342.00 | 58.47 | 481884.00 | 403.39 |
| 2021 | 9677 | 58.68 | 695228.10 | 54.31 | 618871.10 | 810.50 |

注:计算占比的分母分别为当年新增项目数和当年在保余额。
资料来源:江苏省农业融资担保有限责任公司。

根据国家农担公司的统计数据,截至2021年年末,全国农担体系在保项目104.2万个,在保余额3217.9亿元,资本金放大倍数为4.91倍,净资产放大倍数为4.99倍;在财农〔2015〕121号文下发以来,截至2021年年末,全国农担体系累计担保项目217万个,累计担保金额6892亿元,与注册资本金655.4亿元相比,政策效能放大了10.5倍。

**2. 业务政策精准性不断提高**

作为政策性工具,做大政策性业务规模是农担公司的核心任务。"双控"业务完成情况是考核农担公司履行职责、执行政策性任务精准程度的重要指标。从全国农担体系在担保对象、担保领域及其金额、担保期限等方面看，全国农担体系实现了"双控"业务目标，坚持了政策性定位①。

（1）担保业务对象。从担保的对象看，全国农担体系的担保对象以家庭农场（种养大户）②为主。从2019—2021年的业务数据看，家庭农场、农民专业合作社和农业企业在保余额连年增加，但占比表现有所不同。具体地，家庭农场（种养大户）在保余额及其占比在扶持对象中处于最高，三年分别为69.33%、62.40%和66.39%；农业企业在保余额占比次之，三年分别为19.08%、21.41%和18.15%；家庭农场和农民专业合作社的在保余额占比均为超过10%，但是前者的占比逐年上升，从4.52%上升至9.88%，后者则逐年下降。

表8　　　　全国农担体系不同业务对象在保余额结构　　单位：亿元、%

| 年份 | 家庭农场（种养大户）在保余额 | | 家庭农场在保余额 | | 农民专业合作社在保余额 | | 农业企业在保余额 | |
|---|---|---|---|---|---|---|---|---|
| | 金额 | 占比 | 金额 | 占比 | 金额 | 占比 | 金额 | 占比 |
| 2019 | 825.19 | 69.33 | 53.83 | 4.52 | 84.14 | 7.07 | 227.16 | 19.08 |
| 2020 | 1321.58 | 62.40 | 208.07 | 9.82 | 134.91 | 6.37 | 453.41 | 21.41 |
| 2021 | 2134.26 | 66.39 | 317.54 | 9.88 | 179.59 | 5.59 | 583.45 | 18.15 |

注：不同业务类型在保余额占比=不同业务类型在保余额/全国农担体系当年在保余额。
资料来源：国家农业信贷担保联盟有限责任公司。

---

① 有研究使用内蒙古370个获得政策性担保贷款的农牧户问卷调查数据，检验了政策性担保机制对不同特征农业经营主体信贷可得的差异性作用，发现政策性担保的投放逻辑为"政治精英俘获、反担保品优先"，认为政策性担保偏离了"扶持高成长性主体、弱化抵押担保"的政策初衷（参见许黎莉等《"担保支农"增加了谁的信贷可得？——基于信息甄别视角的机制检验》）。这是从微观层面对农担客户结构进行的分析，本报告是从政策目标和机构运行视角进行的总体分析。

② 家庭农场（种养大户）是指具有家庭农场特征，但是没有在市场监管部门登记注册为家庭农场的种养大户。

（2）担保领域。从担保的领域或行业看，农担体系的支持范围已经从最初的以粮食生产为主扩展至农牧渔业生产的大农业概念，并且延伸至产前和产后，包含农业基础设施、农业生产服务、农产品加工和流通，以及农村新业态，体现出"大食物观"和对农业第三产业的重视。从农担的业务领域结构可以看到，2020—2021年全国农担体系以支持农业为主，其中对地方重要、特色农产品的支持最大，在保余额占比分别为24.7%和22.8%，均超过1/5。其次是其他畜牧业，占比分别为16.70%和17.50%；如果把其他畜牧业与生猪养殖和渔业合在一起，那么，畜牧养殖业占比就分别达到27.10%和28.1%，超过地方重要、特色农产品的占比，成为最大的类别。粮食生产的在保余额占比分别为15.90%和16.70%，位于第三位。农产品流通领域（含农产品收购、仓储保鲜、销售等）位于第四位，在保余额占比分别为12.70%和14.10%（见表9）。

表9　　　　全国农担体系业务领域分布　　　　单位：亿元、%

| 业务领域 | 在保余额及其占比 | 2020年 | 2021年 |
| --- | --- | --- | --- |
| 粮食 | 在保余额 | 336.9 | 538.10 |
|  | 占比 | 15.90 | 16.70 |
| 重要、特色农产品 | 在保余额 | 523.1 | 735.40 |
|  | 占比 | 24.70 | 22.80 |
| 生猪养殖 | 在保余额 | 127.20 | 195.40 |
|  | 占比 | 6.00 | 6.10 |
| 其他畜牧业 | 在保余额 | 353.00 | 562.90 |
|  | 占比 | 16.70 | 17.50 |
| 渔业 | 在保余额 | 93.00 | 144.60 |
|  | 占比 | 4.40 | 4.50 |
| 农田建设 | 在保余额 | 5.10 | 5.00 |
|  | 占比 | 0.20 | 0.20 |
| 农资、农机、农技等 | 在保余额 | 109.60 | 171.50 |
|  | 占比 | 5.20 | 5.30 |

续表

| 业务领域 | 在保余额及其占比 | 2020年 | 2021年 |
| --- | --- | --- | --- |
| 农产品流通（含农产品收购、仓储保鲜、销售等） | 在保余额 | 269.30 | 453.80 |
| | 占比 | 12.70 | 14.10 |
| 农产品初加工 | 在保余额 | 233.40 | 343.30 |
| | 占比 | 11.00 | 10.70 |
| 农业新业态 | 在保余额 | 66.90 | 67.10 |
| | 占比 | 3.20 | 2.10 |
| 其他 | 在保余额 | 0.50 | 0.60 |
| | 占比 | 0.03 | 0.02 |

资料来源：国家农业信贷担保联盟有限责任公司。

农担业务领域的多种多样，不仅体现出其支持农业农村经济发展的政策精准性，同时，从农担公司的风险管理角度看，多领域有利于分散担保业务风险，同时，也丰富了农担公司的收入来源。当然，这种业务领域和收入来源的多样化仍然是在农业农村经济的大范畴内，但是，从风险防控和增加收入的角度看，仍然是非常有意义的。与全国农担体系成立之前部分地方农担公司主要在县域范围内经营相比，设立省级农担公司一级法人、在省域范围内开展业务，具有规模经济和范围经济双重效应，有利于提高农担公司的可持续发展能力和担保服务能力[①]。

（3）单笔担保额。从单笔担保业务金额看，全国农担体系严格按照政策要求开展业务，符合"双控"要求的政策性业务占比逐年提高。首先，户均担保贷款额总体呈下降趋势。2016—2021年全国农担体系的户均新增担保额由42.88万元降至33.20万元（见表10），降低了近10万元，降幅为23%。户均新增担保额的不断下降，意味着农担服务目标不断下沉，即

---

① 对于在省一级设立农担公司的规模经济和范围经济效应值得进一步深入研究。

服务了更多更弱小的农业经营主体。这种变化体现了普惠金融理念，既符合政策要求，也使担保业务呈现小额、分散的状态，有利于业务风险分散和业务质量提高。

表 10　2016—2021 年全国农担体系户均新增担保额

| 年份 | 新增担保额（亿元） | 新增担保项目数（万个） | 户均新增担保额（万元） |
| --- | --- | --- | --- |
| 2016 | 175.8 | 4.10 | 42.88 |
| 2017 | 290.9 | 7.73 | 37.63 |
| 2018 | 640.6 | 19.18 | 33.40 |
| 2019 | 1058.86 | 33.09 | 32.00 |
| 2020 | 1919.9 | 68.84 | 27.89 |
| 2021 | 2768.7 | 83.4 | 33.20 |

资料来源：国家农业信贷担保联盟有限责任公司。

在执行"双控"政策要求方面，2018—2021 年全国农担体系的担保业务集中在单笔在保余额为 10 万—300 万元的业务，占比逐年上升，从 78.89% 升到 94.53%（见表 11）。综合起来看，2020 年和 2021 年全国农担体系的政策性业务在保余额占比分别达到 90.94% 和 94.72%（见表 12），远高于 70% 的政策要求；与之相对应，政策外双控业务在保余额和双控外业务余额均有所下降。

表 11　全国农担体系按"双控"标准划分的在保余额情况

单位：亿元、%

| 年份 | 10 万元以下 | | 10 万（含）—300 万（含）元 | | 300 万—1000 万（含）元 | | 1000 万元以上 | |
| --- | --- | --- | --- | --- | --- | --- | --- | --- |
| | 在保余额 | 占比 | 在保余额 | 占比 | 在保余额 | 占比 | 在保余额 | 占比 |
| 2018 | 36.02 | 5.26 | 540.10 | 78.89 | 54.61 | 7.98 | 53.93 | 7.88 |

续表

| 年份 | 10万元以下 | | 10万（含）—300万（含）元 | | 300万—1000万（含）元 | | 1000万元以上 | |
|---|---|---|---|---|---|---|---|---|
| | 在保余额 | 占比 | 在保余额 | 占比 | 在保余额 | 占比 | 在保余额 | 占比 |
| 2019 | 53.03 | 4.46 | 1029.87 | 86.52 | 75.20 | 6.32 | 32.22 | 2.71 |
| 2020 | 86.08 | 4.06 | 1917.26 | 90.52 | 94.34 | 4.45 | 20.30 | 0.96 |
| 2021 | 88.60 | 2.75 | 3041.90 | 94.53 | 74.40 | 2.31 | 13.00 | 0.40 |

资料来源：国家农业信贷担保联盟有限责任公司。

表12　全国农担体系按业务性质划分的在保余额情况

单位：亿元、%

| 年份 | 政策性业务在保余额 | | 政策外双控业务在保余额 | | 双控外业务在保余额 | |
|---|---|---|---|---|---|---|
| | 金额 | 占比 | 金额 | 占比 | 金额 | 占比 |
| 2020 | 1926.20 | 90.94 | 171.50 | 8.10 | 20.30 | 0.96 |
| 2021 | 3048.30 | 94.72 | 156.60 | 4.87 | 13.30 | 0.41 |

资料来源：国家农业信贷担保联盟有限责任公司。

（4）担保期限。因为农业的弱质性，长期担保风险较大，所以，在农担业务开展初期，担保期限以短期为主。但是，由于农业生产投入产出周期较长，担保期限应尽量与农业生产周期相匹配。2018年、2020年和2021年，全国农担体系的担保期限总体上逐步延长。6—12个月的短期担保在保余额虽然快速增长，但占比却逐年下降，从2018年的65.35%下降至2021年的48.65%；与之相对应，12—36个月的在保余额也大幅上升，从2018年的206.27亿元增长至2021年的1600.1亿元，高达近8倍的增幅，且在保余额占比也不断提高，从30.13%增长到49.72%（见表13）。这个变化一方面说明全国农担体系在努力适应和满足农业经营主体的融资需求，另一方面可能也说明了各省农担公司的经营管理能力在不断增强①。

表 13　　　　　全国农担体系按担保期限划分的
　　　　　　　　　在保余额结构　　　　　单位：亿元、%

| 年份 | 6个月以下 | | 6—12个月（均含） | | 12—36个月（含） | | 36个月以上 | |
| --- | --- | --- | --- | --- | --- | --- | --- | --- |
| | 在保余额 | 占比 | 在保余额 | 占比 | 在保余额 | 占比 | 在保余额 | 占比 |
| 2018 | | | 447.44 | 65.35 | 206.27 | 30.13 | 30.97 | 4.52 |
| 2020 | 2.90 | 0.14 | 1145.90 | 54.10 | 929.80 | 43.90 | 39.30 | 1.86 |
| 2021 | 4.70 | 0.15 | 1565.40 | 48.65 | 1600.10 | 49.72 | 47.70 | 1.48 |

注：2019 年数据缺失。
资料来源：国家农业信贷担保联盟有限责任公司。

**3. 农业综合融资成本降低**

全国农担体系建立以来，农担客户的综合融资成本持续降低。综合融资成本的降低源于三个方面，一是在各级农担公司的推动下，银行贷款利率不断降低。2020—2022 年，全国农担客户的平均贷款利率从 5.50% 降至 5.10%（见表 14）。二是通过财政贴补保费和业务费用，担保费率持续降低。各省农担公司根据财农〔2020〕15 号文要求不断下调担保费率。2020—2022 年，全国农担体系的平均担保费率从 0.68% 降至 0.5%（见表 14），低于 2021 年政府性融资担保机构 0.83% 的直保综

---

① 自 2020 年以来，由于新冠疫情影响，世界各国经济社会发展受到巨大冲击，市场主体的经营状况普遍恶化。为缓解市场主体的偿债压力，增强经济发展韧性，中国出台了无还本续贷政策。在实施这一政策过程中，农担客户的贷款到期时如果难以偿还并得到展期或续贷，那么在担保期限统计中可能表现为 12—36 个月（含）担保余额的增加。因此，在评价担保期限时应考虑这一因素。但是，由于缺少农担客户中得以展期或续贷的相关数据，本报告无法对此进行分析。尽管如此，担保期限的延长，应能更好地满足农业经营主体的融资需要。即使这种需要是疫情所致，农担也应予以支持，协助农业经营主体渡过难关。

合费率和商业性担保机构3%的一般收费水平①。有些地方在财政补贴后甚至出现零担保费，例如，江苏常州和宜兴等地。三是一些地方政府对农担客户贷款给予财政贴息。例如，2021年山东省对粮食等类农担客户的贷款给予2%贴息，贴息和降费后农担客户的平均综合融资成本降至2.1%。

表14　　　　2020—2022年农担综合业务成本　　　　单位：%

| 年份 | 平均担保费率 | 平均贷款利率 | 平均综合融资成本 |
| --- | --- | --- | --- |
| 2020 | 0.68 | 5.50 | 6.21 |
| 2021 | 0.62 | 5.46 | 6.08 |
| 2022 | 0.50 | 5.10 | 5.60 |

资料来源：国家农业信贷担保联盟有限责任公司。

在上述因素影响下，全国农担客户的综合融资成本持续下降。因缺少2018年和2019年的数据，仅从2020—2022年统计数据看，全国农担客户的综合融资成本从6.21%降至5.60%（见表14）②，降幅为9.82%。2022年在国家农担与国有大型商业银行的"总对总"战略合作协议框架下的平均贷款利率降至4.5%③。从节约的融资成本总量看，以河南省为例，截至2020年，河南农担累计为全省2.07万家粮食规模经营主体担保放款

---

① 李明等：《农业信贷担保体系构建》，载本书编委会编著《新时代中国特色农村金融创新研究》，中国金融出版社2023年版，第157页。

② 中国社会科学院农村发展研究所2022年发布的《乡村振兴发展报告》显示，2021年全国10个省（份）3833个农户样本中，农户银行贷款的平均利率为5.78%。

③ 国家农业信贷担保联盟有限责任公司：《国家农担：专注"支农、支小"推动资金"下乡入村"》《农村工作通讯》2023年第8期。

95.15亿元，为其节约融资成本约3.8亿元①。可见，农担体系运行后新型农业经营主体"融资贵"问题得到缓解②。

---

① 河南省人民政府门户网站：《河南财政构建"政银担保投"联动支农机制助推农业高质量发展》，https：//www.henan.gov.cn/2021/02-26/2099090.html。

② 因为农担机构收取的担保费很低，甚至不收担保费，在农户综合融资成本中的占比较低，对农户融资成本影响不大，所以农担客户综合融资成本的降低主要来自贷款利率的降低。但是，银行贷款利率的降低在多大程度上可以归因于农担公司的担保，是一个需要进一步研究的问题。有研究发现，2013年以来的贷款利率市场化改革加剧了农村金融市场的竞争，推动了农业信贷利率的下降。（参见亓浩等《贷款利率市场化与农村金融机构回归本源》，《世界经济》2022年第11期）。此外，在国家普惠金融发展和乡村振兴政策的推动下，大中型银行纷纷开展涉农信贷服务，甚至设立专门的乡村振兴事业部。大中型银行具有资金成本和管理等优势，其下乡加剧了农村金融市场的竞争程度，进一步推动了利率下降。同时，金融科技的广泛运用，提高了银行业务运营效率，增强了风险管理能力，这些因素为农贷利率下降提供了可能。（参见郭涵《攻防2021：县域金融的市场变局》，《中国农村金融》2021年第24期；王永聪、何帅：《大型银行下沉行为对中小银行信贷服务的影响研究——基于Lotka-Volterra种群竞争模型》，《金融经济》2021年第9期）此外，金融科技企业的网络贷款也变得非常普及，一直渗透至乡村。本课题组调研发现，在政策、科技和竞争等因素综合作用下，农户的信贷可得性显著改善，加之农村信贷需求金额普遍提高，这使农村借款人对利率较以往明显变得敏感，因此农村金融机构为争取客户，也不得不压降利率。上述因素综合发力，促使近年来农村金融市场利率走低。尽管如此，综合融资成本的降低并不意味着借款人全部融资成本的降低，因为除了直接支付的利息和或有担保费成本之外，借款人还要办理各种借贷和担保等手续，花费时间和精力，即支付非金钱交易成本，还要放弃其他方式融资的机会成本。因此，要真正解决贷款贵问题，不仅要降低可见的利率、费率，而且需要提高贷款和担保业务办理的便捷性，降低客户的交易成本和机会成本。

**4. 农担客户信用能力提升**

在农担公司的支持下，农担客户的信用能力得以提升，其中部分客户"毕业"，即这些客户不再需要农担公司的担保就可以直接从金融机构获得贷款。农担客户"毕业"的主要原因在于农担的介入降低了金融机构对农业经营主体的信息不对称程度、信贷服务成本和信贷风险，使原本不能发生的信贷服务得以发生，或使较低的信贷额度得到提高；而且通过业务交往，帮助金融机构与其客户建立起相互信任，使农担公司的担保不再是必需。农担客户"毕业"正是农担公司发挥作用的证明，是农担政策的应有之义。

农担客户"毕业"在一定程度上也是农村金融市场竞争的结果。对于从农担"毕业"的客户，银行一般会提高其信用贷款授信额度。本课题组调研中发现，银行对农户10万元以下贷款申请采用信用贷款方式的做法已经比较普遍，对部分资信状况好的客户，这一限额可以达到30万元，个别的甚至可以达到50万元。信用贷款方式可以降低信贷交易双方的交易成本，提高客户体验，增强银行的市场竞争力。

**5. 农村集体经济的发展得到支持**

发展新型农村集体经济是实现乡村振兴和农民农村共同富裕的重要途径。支持农村集体经济发展也成为近年来农担支持农业农村现代化发展的重要内容，体现了农担的政策性绩效。

为支持新型农村集体经济发展，江苏省农担积极推进产品和服务机制，推出了"助村贷"业务。近年来，随着大力推进农业农村"高标准农田建设、土地规模流转、适度规模经营"三个全覆盖，江苏省海安市土地流转步伐加快、现代农业加快发展。为支持新型合作农场建设、推动村级集体经济发展、引领群众增收致富，在海安市政府牵头下，农业农村局、财政局、江苏农担分公司、农商行等多次会商，决定由该市财政局每年提供100万元专项资金用于农担专项担保贷款贴息、贴费，由当地农村商业银行、中国农业银行市支行发放专项贷款，江苏农担分公司落实担保增信，"助村贷"产品由此产生。海安市开发区新立村创办了开发区第一家合作农场（以稻麦种植为主、兼有大棚蔬菜种植、粮食烘干、农机服务等），先后投入新建6000多平方米烘干房、大米加工生产线及附属厂房设施，新购8台套智能烘干机及其配套设施，正新建大米加工厂和农旅项目，后续还将建设仓储、电商、农耕文化、健康步道等项目。新立村新立农地股份合作社成立之初，面临的最大问题就是资金短缺问题。在获悉农担公司推出针对村集体经营主体的"助村贷"业务后，新立村主动与当地农担公司对接，以集体经济为主体办理贷款及反担保手续；农担公司完成现场尽调后，联系农商行授信审批。整个担保贷款流程仅需4个工作日，资料和手续简便。新立农地股份合作社获得的三年期担保贷款利率为基准上浮30%，远低于当地的市场利率水平。担保贷款到位后，有效缓解了村集体的资金压力，为增设备、扩产能、补充流动资金提供重要支撑。截至2022年10月末，"苏农担·海安助村贷"产品在保户数40户，在保金额5250万元。

**6. 为完成脱贫攻坚任务和新冠疫情防控做出贡献**

完成脱贫攻坚任务是中国人民实现第一个百年奋斗目标的基础。全国农担体系积极探索通过担保支持农业产业发展，带动贫困户发展，为完成这一历史性任务并巩固脱贫攻坚成果做出了贡献。例如，截至2020年年底，龙江农担共为全省23个贫困县的19876个农业企业和经营主体提供36.02亿元的贷款担保服务，累计带动贫困户57053人①；截至2021年年末，江苏农担累计带动25.79万人就业，各类经营主体中获得担保贷款后收入有所增加的主体有14165个，获得担保贷款后年度营业收入增加值总和为170.39亿元，获得担保贷款后年度净利润增加值总和为18.82亿元。

2020年以来，新冠疫情对经济社会发展造成了巨大冲击。为缓解新冠疫情对农业农村经济发展的影响，全国农担体系做出了积极贡献。例如，江苏省出台了农担保费优惠政策和部分市县保费优惠政策，增强了农村各类经营主体尤其是中小微企业应对疫情冲击的韧性。2021年江苏农担减免担保费涉及担保金额80.35亿元，涉及项目9890个，减免担保费5116万元，并为存量贷款户和存量担保户提供展期贷款、续贷等提供担保，共涉及担保金额16118万元，涉及项目数114个，其中涉及协助其解决饲料断供、农产品滞销的客户有33个。山东省出台阶段性政策，支持山东省农担公司对新冠疫情期间新增担保业务减半收取担保费、贴息率提高1个百分点，即按照2.5%或2.25%给予担保费补助，按照3.175%给予贷款贴息，帮助农业经营主体降低了融资成本，支持了农业经营主体持续经营，为疫情期间农产品稳产保供做出了贡献。

## （三）可持续性绩效

**1. 农担体系资产质量总体表现良好，但省际差异较明显**

总体看，全国农担体系资产质量表现良好，但是各省之间差异较大，潜在风险不容忽视。

（1）担保贷款逾期率较低。担保贷款逾期率是反映农担公

---

① 《龙江农担五年助农三百亿》，《黑龙江日报》2020年12月29日第3版。

司是否面临潜在代偿风险的指标。2021年年底，全国农担体系担保贷款逾期总额为7.5亿元，逾期率为0.23%，处于低水平，显示资产质量总体良好；但是各省份之间差异较大，逾期担保贷款最多的接近2亿元，最少的是0元；担保贷款逾期率最高的为0.78%，最低的为0（见图1）。

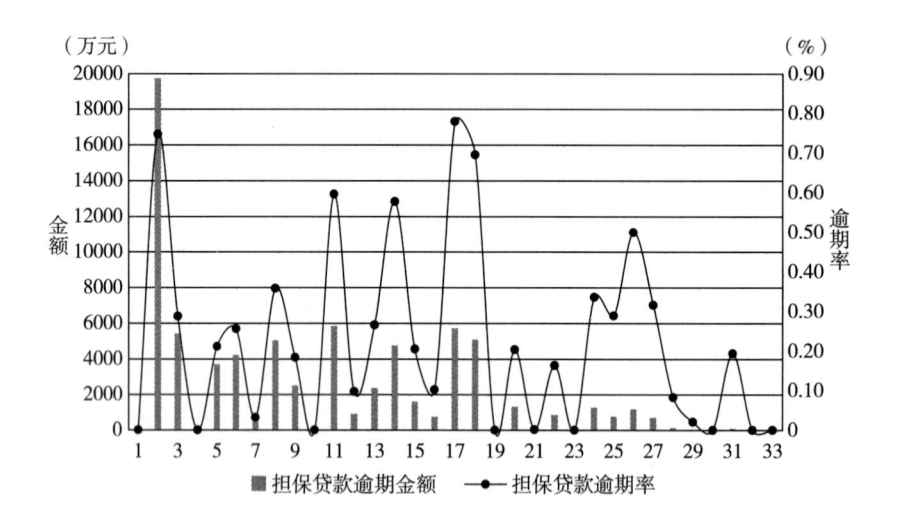

**图1　2021年年末全国农担体系担保贷款逾期情况**

注：数字1—33指33家省级农担公司。

资料来源：国家农业信贷担保联盟有限责任公司。

从本课题调研的情况看，自全国农担体系成立以来，不同的省级农担公司的担保贷款逾期率呈现不同的变化特征。有的省级农担公司在经营初期的担保贷款逾期率较高，但是随着业务发展和调整，逾期率开始下降。例如，某省农担公司在2017—2019年的担保贷款逾期率逐年上升，在2019年年底高达10.57%（见图2），随后又逐年下降，这与该公司业务规模不断扩大、经营管理经验不断积累、管理水平不断提高有关，同时也与将主要目标客户转向"双控"范围以内密切相关。到2021年7月，该省农担公司的担保贷款逾期率降到3.10%。

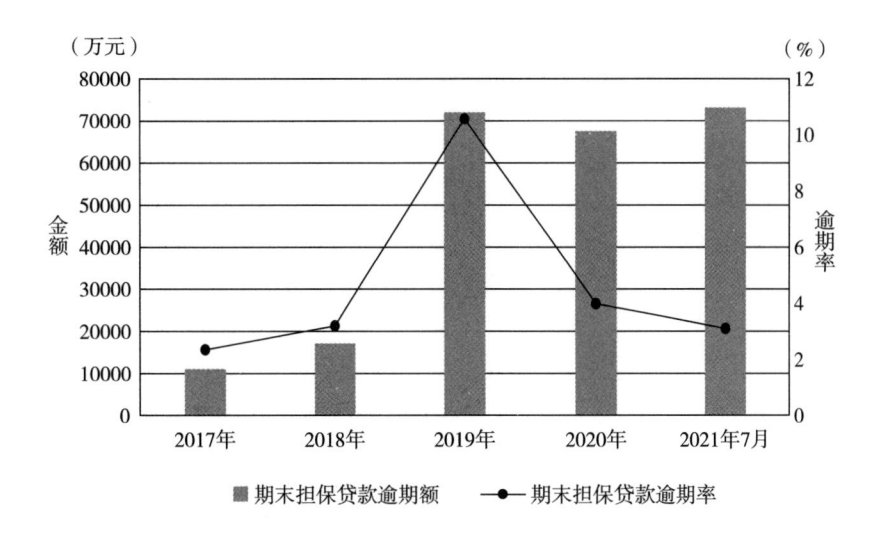

**图 2　2017 年至 2021 年 7 月某省农担公司担保贷款逾期情况**

资料来源：某省农担公司。

（2）代偿率不断下降。2017—2021 年全国农担体系的当年新增代偿金额和项目数、累计代偿金额和项目数都逐年增加，但当年新增代偿率和累计代偿率均控制在 2% 以内，低于国家农担政策要求的 3%，且自 2018 年以后呈逐年下降趋势。由于当年新增代偿率仅能反映当时已暴露的风险，并不能体现农担公司面临的潜在风险。因此，需要将代偿率、担保贷款逾期率甚至风险贷款率[1]结合起来，综合判断农担公司面临的潜在风险。不断累积的逾期贷款担保责任将推高担保赔偿准备金金额，需要占用更多收入或者资本金，并增加代偿风险，加之代偿之后追偿率普遍较低，不仅不断累积风险，而且不断侵蚀资本金。

---

[1]　风险贷款率（Portfolio at Risk）是指含有逾期贷款的各项贷款余额总和与全部贷款余额之比，在有分期还款的情况下，是更严格地评估贷款风险的指标。

表 15　　2017—2021 年全国农担体系代偿情况　　单位：亿元、个、%

| 年份 | 当年新增代偿情况 | | | 累计代偿情况 | | | 考虑追偿代偿率 |
|---|---|---|---|---|---|---|---|
| | 金额 | 项目数 | 代偿率 | 金额 | 项目数 | 代偿率 | |
| 2017 | — | — | 1.72 | — | — | — | — |
| 2018 | 5.04 | — | 1.98 | — | — | — | — |
| 2019 | 8.78 | 1075 | 1.61 | 19.10 | 1665 | 1.75 | |
| 2020 | 14.91 | 3317 | 1.50 | 34.50 | 5002 | 1.65 | 1.30 |
| 2021 | 23.23 | 6021 | 1.40 | 58.00 | 10994 | 1.53 | 1.16 |

资料来源：国家农业信贷担保联盟有限责任公司。

按照担保业务是否为政策性进行划分，对担保代偿率分别进行分析，可发现单笔10万元以下的政策外"双控"业务和政策性业务的风险相对较小，代偿率较低，其中2020年10万元以下政策外"双控"业务的代偿率只有0.45%；2019—2021年政策性业务代偿率均略高于1%，但每年有所提高。与之相比，300万—1000万元的政策外"双控"业务和双控外业务代偿率明显较高，尤其是双控外业务的代偿率，超过10%（见表16）。可见，政策性业务和小额政策外"双控"业务的代偿率较低，体现出小额且分散的业务风险较低。可见，"小额、分散"也应成为农担公司运营的基本原则。增加政策性业务既符合农担政策要求，也符合农担体系可持续发展的风控要求，强化"双控"要求十分必要。

表 16　　2019—2021 年全国农担体系代偿情况（按业务性质划分）

单位：亿元、个、%

| 年份 | 政策性业务代偿 | | | 政策外"双控"业务代偿（10万元以下） | | | 政策外"双控"业务代偿（300万—1000万元） | | | 双控外业务代偿 | | |
|---|---|---|---|---|---|---|---|---|---|---|---|---|
| | 金额 | 项目数 | 代偿率 | 金额 | 项目数 | 代偿率 | 金额 | 项目数 | 代偿率 | 金额 | 项目数 | 代偿率 |
| 2019 | 4.90 | 954 | 1.08 | | | | | | | | | |
| 2020 | 10.92 | 2774 | 1.27 | 0.22 | 505 | 0.45 | 1.29 | 29 | 2.10 | 2.47 | 9 | 10.03 |

续表

| 年份 | 政策性业务代偿 | | | 政策外"双控"业务代偿（10万元以下） | | | 政策外"双控"业务代偿（300万—1000万元） | | | 双控外业务代偿 | | |
|---|---|---|---|---|---|---|---|---|---|---|---|---|
| | 金额 | 项目数 | 代偿率 | 金额 | 项目数 | 代偿率 | 金额 | 项目数 | 代偿率 | 金额 | 项目数 | 代偿率 |
| 2021 | 19.5 | 5121 | 1.28 | | | | | | | | | |

注：国家农担联盟提供资料显示，2019年项目代偿率按照仅符合"双控"标准项目和300万元以上项目划分；2021年仅有政策性业务代偿率。由于"双控"标准项目符合政策性业务，为方便分析，将其归为政策性业务。

资料来源：国家农业信贷担保联盟有限责任公司。

代偿率能够在一定程度上反映农担体系的风险管理效果，但是，从农担体系的政策使命和任务角度看，较低代偿率并不一定代表更好地完成了政策目标和任务，因为这可能是因为风控措施过于严格，从而导致净资产放大比例较低、担保业务规模过小、服务的农业经营主体过少、服务的领域过窄等问题，没有充分发挥农担的作用。这样的做法往往可以从较低的放大倍数、较少的客户数量等指标反映出来。那些放大比例不高但代偿率较高的农担公司需要特别注意提高经营管理水平，尤其是增强追偿能力（见图3）。

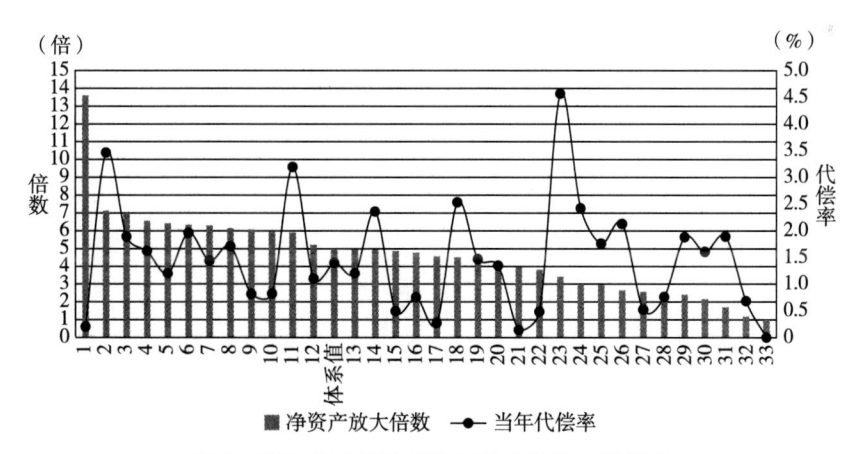

**图3 2021年全国农担体系放大倍数与代偿率**

注：数字1—33为33家省级农担公司，按净资产放大倍数由高到低排序。
资料来源：国家农业信贷担保联盟有限责任公司。

（3）追偿效果有限。2019—2021年，全国农担体系累计追偿额从5.62亿元增加至12.6亿元，考虑追偿的代偿率从2020年的1.30%降至2021年的1.16%，下降了0.14个百分点（见表17），说明全国农担体系整体的追偿状况有所改善。但仍应注意，随着业务规模的快速增长，剩余代偿余额（应收代偿金额）和代偿项目数呈现逐年递增的趋势，说明全国农担体系的追偿压力和潜在损失不容忽视。

表17 2019—2021年农担追偿情况　　　　单位：亿元、个

| 年份 | 累计追偿情况 | | 剩余代偿情况 | |
|---|---|---|---|---|
| | 金额 | 项目数 | 金额 | 项目数 |
| 2019 | 5.62 | 537 | 13.49 | 1454 |
| 2020 | 8.20 | 1638 | 26.30 | 4430 |
| 2021 | 12.6 | — | 45.40 | 9602 |

资料来源：国家农业信贷担保联盟有限责任公司。

从累计代偿的追偿情况看，全国农担体系总体的追偿效果不理想，继续追偿的任务很重。至2021年年底，全国农担体系累计代偿额为58.05亿元，累计代偿追偿额为12.60亿元，累计代偿追偿率为21.71%，即累计有78.29%的代偿资金尚未收回。从各省级农担公司情况看，代偿追偿率差异很大，高于21.71%的只有六家，超过50%的仅有四家（见图4）。

代偿是农担公司的天然职责，体现了政策性使命；而追偿也是农担公司的当然责任，是农担公司生存的关键和长期履行使命的重要条件。所以，如果代偿率高，但是追偿率也很高，一方面说明这样的农担公司确实发挥了为金融机构分险的作用，帮助风险较高的农业经营主体获得了贷款支持；另一方面说明这样的农担公司可以维持较高的资产质量，提高可持续发展能力。如果业务量大、代偿率高而代偿追偿率较低，这样农担公司的担保服务能力和可持续发展能力就会比较弱，面临较大的

提高经营管理水平和提升业务质量的压力。

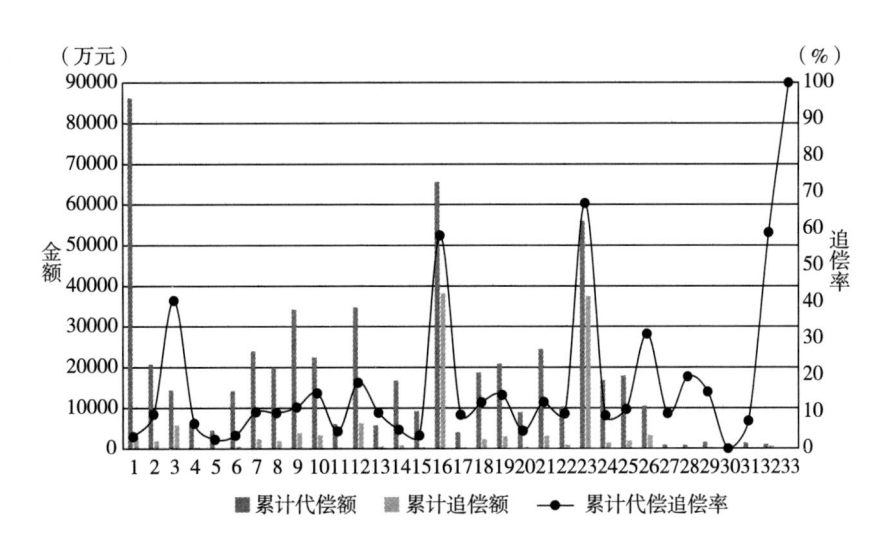

**图 4　2021 年年末各省级农担公司代偿追偿情况**

注：数字 1—33 为 33 家省级农担公司。

资料来源：国家农业信贷担保联盟有限责任公司。

（4）应收代偿款和准备金不断累积，有效运营资产受到侵蚀。根据《融资担保公司管理条例》规定，担保公司的担保放大倍数是以净资产的倍数计算。但是净资产中含有应收代偿款，而应收代偿款有多少可以及时收回，减值准备是否充足，因为得不到相关数据，尚无法判断。不过，应收代偿款作为或有损失，在实际运营中发挥不了撬动银行贷款的杠杆作用。如果长期追偿效果不佳，应收代偿款将不断增加，势必减少可以有效用于撬动银行贷款的运营资产[①]，降低净资产的杠杆作用。同时，随着担保业务规模扩大，担保赔偿准备金也将增加，加之未到期责任准备金的提取，这两项负资产也将减少净资产，从而降低农担公司的担保能力。

以某省农担公司为例，从图 5 可以看到，该公司自 2018 年

---

① 即英文的 working capital，指可以直接用于生产经营的资产。

开始出现代偿应收代偿款和担保赔偿准备金在资产总额中的占比逐年提高，2021年7月末，与总资产相比，应收代偿款占比为7.70%，担保赔偿准备金占比为10.72%，未到期责任准备金占比为1.08%，三项合计占19.50%，即该公司有近1/5的资产处于无法用于撬动银行贷款的状态，减损了其担保能力。

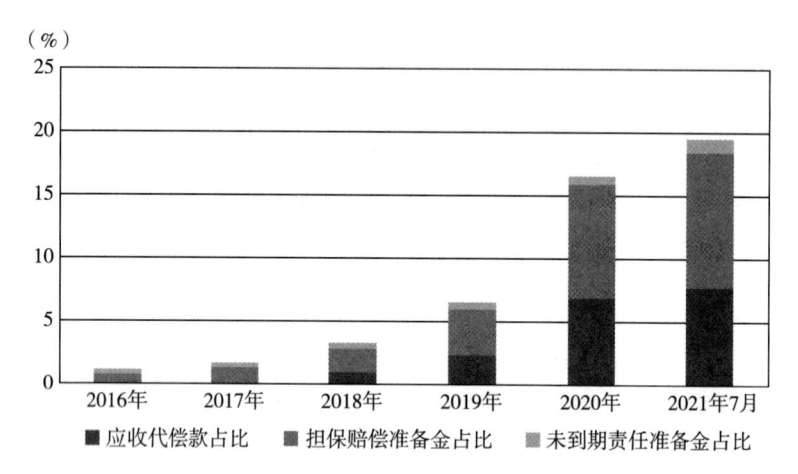

**图5 某省级农担公司的有效运营资产受损情况（2016—2021年7月末）**
资料来源：由某省农担公司提供。

该省农担公司对累计应收代偿款的长期代偿款尚未进行过坏账核销处理，全部记在资产项下，不能反映资产的真实质量。由于没有相关的核销政策，多家省级农担公司都面临这个难题。可见，在没有对累计的代偿损失及时进行核销的情况下，农担公司资产负债表上的资产存在虚高的问题。

可见，一方面，农担公司的追偿能力是其增强服务能力、提高业务质量、增强可持续发展能力的一个关键因素；另一方面，对可以认定为呆坏账的长期应收代偿款进行核销处理，也是反映农担公司资产真实质量的重要手段。

（5）再担保发挥了分险与代偿补偿作用，但再担保能力和效率有待提升。2016—2021年农担再担保项目个数和再担保金额呈倍数扩张，其中，累计再担保项目个数从1318个增长到

666539个，扩大了504.72倍；累计再担保金额从9亿元增长到2582.11亿元，扩大了285.90倍。但是，累计再担保项目增长率和累计再担保金额增长率呈波动下降趋势。

表18　　　　2016—2021年全国农担体系累计再担保业务情况

单位：个、亿元、倍

| 年份 | 再担保项目数量 | 再担保项目金额 |
| --- | --- | --- |
| 2016 | 1318 | 9.00 |
| 2017 | 14383 | 63.97 |
| 2018 | 82686 | 431.22 |
| 2019 | 144343 | 620.78 |
| 2020 | 390383 | 1525.40 |
| 2021 | 666539 | 2582.11 |
| 其间增长倍数 | 504.72 | 285.90 |

资料来源：国家农业信贷担保联盟有限责任公司。

由于缺乏有关再担保赔付的数据，本报告难以对再担保的分险和代偿补偿作用进行深入分析。不过，从国家农担公司网站发布的消息可以看到，至少在2019年和2020年，各省级农担公司向国家农担公司申请的再担保代偿补偿款得到全部拨付；其中，有25家省级农担公司在2019年度解保项目缴纳的再担保费约2585万元，国家农担公司的代偿补偿金额为再担保费的2.7倍，远超过对应解保项目的再担保收费，切实发挥了为省级农担公司分险的作用；但是，"随着农担体系业务规模快速扩大，各省级农担公司申请的代偿补偿项目呈几何倍数增长，国家农担公司代偿压力逐年增加，即将达到代偿能力上限"[1]，而且再担保代偿补偿的审核以及资金拨付周期较长，对充分发挥

---

[1] 这是2020年的情况。参见《国家农担公司全面完成2019年度代偿补偿工作》，http://sacga.cn/content/details19_1566.html，2020年7月6日。

省级农担公司的支撑和服务作用有一定影响①。可见,国家农担公司的再担保发挥了分险与代偿补偿作用,但随着全国农担业务规模的不断扩大,其再担保能力需要相应地大幅提升,而且代偿补偿的工作效率也需要进一步提高。

**2. 农担公司自身创收能力弱,依靠财政补贴**

衡量一个机构可持续发展能力的关键指标是考察其收入覆盖成本的程度,如果完全可以覆盖,则具有可持续发展能力;反之亦反。由于没有全国层面农担体系的运营成本数据,无法对其盈利能力做出判断,本报告仅根据个别省级农担公司的数据进行粗浅分析,由点推面,估测农担体系的自我可持续能力和特点。此外,国有资产保值增值率从一个侧面反映了农担体系资产保全状况。

(1) 保费收入份额低。农担体系的营业收入主要包括担保费收入、投资理财收益、利息收入和财政补贴收入。从A省农担公司的收入结构(见表19)可以看出,其投资理财收入在2017年曾达到最大比例,为45.65%,利息收入占比为34.61%,二者合计占80.26%,而担保费收入只占19.39%(占比平稳,在2017年以来一直保持在19%—20%),这反映出该公司在运营初期可能有较多资产尚未投入担保业务。2017年之后,投资理财收入占比逐年降低,到2020年降到4.15%,说明该公司资产可能从投资理财领域大幅撤出。而利息收入一直占有较高比例,在34.61%—56.81%,在2019年和2020年两年均超过50%,说明该公司较大的资本金规模为其带来了稳定的利息收入,是该公司生存和发展的重要支撑,但同时利息收入在

---

① 《国家农担公司已完成5家省级农担公司2021年度代偿补偿拨付》,国家农业信贷担保联盟有限责任公司网站,http://sacga.cn/content/details19_1749.html,2022年3月5日。

不同年份波动较大，可能是因为年度之间存款利率变动所致。自2017年，该公司的财政补贴收入的占比逐年升高，到2020年达到21.87%，超过了担保费收入占比。

表19　　　　　　　　A省农担公司的收入结构　　　　　　单位：%

| 年份 | 2016 | 2017 | 2018 | 2019 | 2020 |
|---|---|---|---|---|---|
| 担保费收入 | 26.09 | 19.39 | 19.59 | 19.19 | 19.04 |
| 投资理财 | 33.26 | 45.65 | 33.78 | 7.33 | 4.15 |
| 利息收入 | 40.65 | 34.61 | 44.18 | 56.81 | 54.81 |
| 财政补贴 | 0 | 0.36 | 1.49 | 16.40 | 21.87 |
| 其他收入 | 0 | 0 | 0.96 | 0.27 | 0.13 |

资料来源：由A省农担公司提供。

B省农担公司的收入结构与A省农担公司有相同之处，也有明显的不同。相同之处在于担保费收入占比接近，投资理财收入占比逐年下降。不同之处表现在三个方面：一是财政补贴收入占比不但逐年快速升高，而且在2020年和2021年骤增至60%以上。二是虽然投资理财收入占比逐年降低，但仍比A省农担公司高出1倍多①，对收入贡献度较大。三是利息收入占比非常低并逐年下降（见表20）。这些特点显示，一方面，B省农担公司较少以存款形式将货币资金存放于银行账户，而是可能有一定的投资或理财活动；另一方面，B省农担公司的发展越来越严重依赖财政补贴。

表20　　　　　　　　B省农担公司的收入结构　　　　　　单位：%

| 年份 | 2018 | 2019 | 2020 | 2021 |
|---|---|---|---|---|
| 担保费收入 | 12.73 | 22.30 | 19.82 | 24.02 |

① 实际上，2020年B省农担公司的投资理财收益绝对值是A省农担公司的7.37倍。

续表

| 年份 | 2018 | 2019 | 2020 | 2021 |
|---|---|---|---|---|
| 投资理财 | 68.70 | 45.53 | 15.50 | 8.98 |
| 利息收入 | 9.19 | 7.35 | 1.15 | 0.98 |
| 财政补贴 | 9.38 | 20.62 | 63.54 | 66.02 |
| 其他收入 | 0.00 | 4.21 | 0.00 | 0.00 |

资料来源：B 省农担公司。

（2）自负盈亏能力弱。本报告以自负盈亏率①来衡量农担公司的自负盈亏能力。2016—2020 年，A 省农担公司的自负盈亏率保持在100%以上，表现出较好的盈利能力（见表21），但是自 2017 年达到 265.11% 之后逐年下降，在 2020 年降到 105.68%。从保费收入覆盖营业支出的程度看，保费收入最高时只能覆盖 51.40% 的营业支出，是在 2017 年。其后三年内保费收入覆盖支出的能力逐渐降低，到 2020 年仅能覆盖 20.12% 的营业支出。如果扣除财政补贴，自 2017 年始自负盈亏率逐年下降，2020 年降至 82.59%，做不到收支相抵。如果以盈亏平衡即自负盈亏率 100% 为标准，那么 A 省农担公司对于财政补贴的依赖度在 2016—2020 年一直是负值，即没有财政补贴也可以做到盈亏平衡，但是在 2020 年变为正值，为 17.41%，意味着要达到财务上的盈亏平衡点，必须有这个比例的收入来自财政补贴。

**表 21　　A 省农担公司自负盈亏率　　单位：%**

| 年份 | 2016 | 2017 | 2018 | 2019 | 2020 |
|---|---|---|---|---|---|
| 自负盈亏率 | 193.46 | 265.11 | 179.16 | 171.53 | 105.68 |
| 保费收入覆盖营业支出率 | 50.47 | 51.40 | 35.09 | 32.93 | 20.12 |

① 自负盈亏率=（营业收入/营业费用）×100%。

续表

| 年份 | 2016 | 2017 | 2018 | 2019 | 2020 |
|---|---|---|---|---|---|
| 扣除财政补贴的自负盈亏率 | 193.46 | 264.16 | 176.50 | 143.41 | 82.59 |
| 财政补贴依赖度 | −93.46 | −164.16 | −76.50 | −43.41 | 17.41 |

注：财政补贴依赖度=100%−扣除财政补贴的自负盈亏率。

资料来源：A省农担公司。

B省农担公司的自负盈亏率也存在同样的情况。担保费收入能够覆盖的成本非常有限，从2018年到2021年一直不超过50%；如果扣除财政补贴，2020年和2021年的自负盈亏率就分别降到59.95%和68.28%。如果以盈亏平衡即自负盈亏率100%为标准，那么B省农担公司对于财政补贴的依赖度由2018年和2019年的负值变为2020年和2021年的正值，分别为40.05%和31.72%（见表22），对财政补贴的依赖度比较高。

表22　　　　B省农担公司自负盈亏率　　　　单位：%

| 年份 | 2018 | 2019 | 2020 | 2021 |
|---|---|---|---|---|
| 自负盈亏率 | 221.79 | 157.70 | 164.41 | 200.92 |
| 保费收入覆盖营业支出率 | 28.24 | 35.16 | 32.59 | 48.27 |
| 扣除财政补贴的自负盈亏率 | 200.98 | 125.19 | 59.95 | 68.28 |
| 财政补贴依赖度 | −100.98 | −25.19 | 40.05 | 31.72 |

注：财政补贴依赖度=100%−扣除财政补贴的自负盈亏率。

资料来源：B省农担公司。

通过对A省和B省农担公司盈利能力的分析可以看出，在现有的运营模式下农担体系担保费收入有限，自2020年开始需要依靠财政补贴才能做到收支相抵。从本课题组在其他地区调研的情况看，其他省级农担公司也是类似情况，其生存和发展在很大程度上要依靠财政补贴①。

（3）国有资产得到保值增值。根据农担政策，国有资产保值增值是考核农担公司运营绩效的重要指标。由于没有全国农担体系的这个数据，不能对全国农担体系的整体状况做分析。但本课题组调研的江苏、浙江和黑龙江三个省级农担公司的国有资产保值增值率均超过100%，但是保值增值率也都不高，最高的江苏农担在2021年是105.99%。可见，农担公司可以做到国有资产保值增值，但是在业务量大、担保费率低的情况下，要取得资产保值增值并非易事。

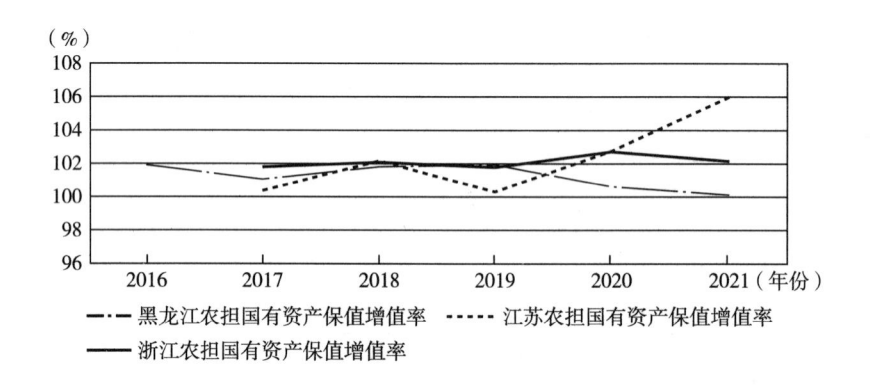

**图6　农担国有资产保值增值率**

资料来源：江苏省农业融资担保有限责任公司、黑龙江省农业融资担保有限责任公司和浙江省农业融资担保有限责任公司。

**3. 农担体系整体经营效率持续提高，但仍有很大改进空间**

农担体系的经营效率可以从两方面看：一是宏观方面，财政资金撬动金融资源的效率，即净资产放大倍数，反映财政资金的使用效率。二是微观方面，农担公司自身的经营管理效率，主要是投入产出比和劳动生产率。全国农担体系成立以来，财

---

① 可能因为农担体系是政策性担保机构，在会计科目设计上，财政补贴被列入营业收入，而非营业外收入。这样的处理使农担业务类似于政府购买服务，也为财政补贴的常规化、长期化提供了正当理由。

政资金的使用效率不断提高，但是从个别农担公司案例情况看，其经营管理效率有待提升。

（1）净资产放大倍数。全国农担体系建立以来，财政资金撬动金融资本的作用逐渐扩大。2018—2021年，全国农担体系的净资产对期末在保余额的放大倍数①从1.28倍增长至4.99倍，增长幅度为289.84%；当年新增担保业务对净资产的放大倍数从1.2倍增长至4.22倍，增长幅度为251.57%（见图7）。结合上述对农担政策性绩效、资产质量和农担公司风控能力的分析，本报告认为当前全国农担体系的净资产放大倍数是基本合适的。

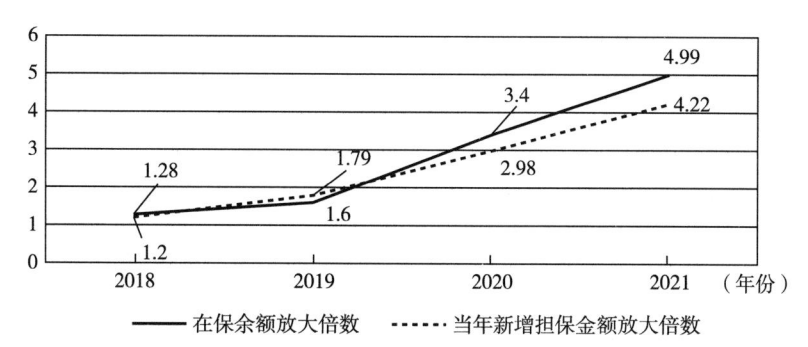

图7 2018—2021年全国农担体系净资产对期末在保余额和新增担保业务的放大倍数

资料来源：国家农业信贷担保联盟有限责任公司。

---

① 根据财农〔2020〕15号文，净资产放大倍数应成为"在保放大倍数"，其计算公式是：在保放大倍数＝期末担保余额/年均净资产。根据《融资担保公司监督管理条例》，这个公式中的"期末在保余额"应该是期末在保责任余额。在保责任余额不自然地等于客户得到的贷款余额，因为担保机构与银行分担风险，在担保机构的分险比例小于100%时，在保责任余额就小于客户得到的贷款余额。所以，使用在保责任余额作分子计算出的放大倍数会低估担保资金实际撬动的银行贷款金额，从而低估财政资金的使用效率。本课题组在调研中发现，有省级农担公司上报的净资产放大倍数所使用的计算公式，分子是客户得到的贷款余额，可以更真实地反映了财政资金对金融资源的撬动作用，但与相关法律和政策文件规定不一致。对此，本报告将在第五章关于农担机构面临的挑战中进一步分析。

从图8可以看到，2019—2021年全国各省级农担公司的净资产对期末在保余额的放大倍数都快速提高，但各省之间差异很大。2021年，全国农担体系的放大倍数中位数是4.58，全体系的放大倍数是4.99，超过全体系放大倍数的有12家，低于的有21家；最大倍数为13.62，最小倍数仅是1.02。

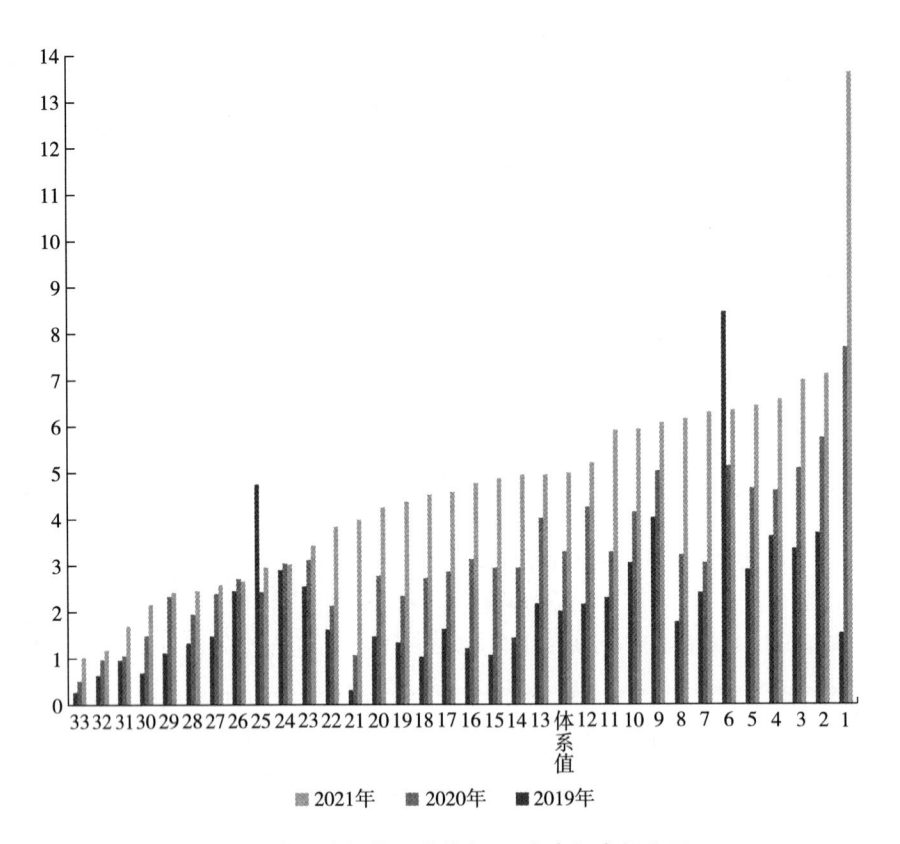

**图8　全国农担体系整体与33家省级农担公司
净资产对在保余额的放大倍数（2019—2021年）**

注：1—33为33家省级农担公司。
资料来源：国家农业信贷担保联盟有限责任公司。

与《融担监管配套制度》相比，全国农担体系净资产放大倍数的提升仍有很大的政策空间①。但是，担保放大倍数受到诸多因素影响，尤其是经济环境、社会信用环境、法治环境、行业风险以及担保机构自身的经营管理能力等。根据联合国粮食与农业组织（FAO）对国际农业信贷担保实践的研究，不同国家和不同机构的担保放大倍数差异较大，高的可达27，低的只有1.2②。国内相关研究显示，担保放大倍数与担保机构资金规模呈正相关关系，注册资本金规模在5000万元以下的担保机构的平均放大倍数为2.35，注册资本金规模在2亿元以上的平均担保放大倍数可达3.34，资本规模越大，担保机构的议价能力越强，资金使用效率更高③。据此来看，农担体系较高的担保放大倍数有一部分应该归因于其较大的资本金规模④。

（2）财政资金效能。本报告借鉴国家农担政策关于财政资金使用效能的评价方法，但是对计算公式做了调整，用当年累计新增担保贷款额对当年财政资金总投入的比例来衡量⑤。当年财政资金总投入包括担保公司注册资本金、当年到位的中央和地方各级财政的担保费和业务奖补资金以及其他扶持资金。由于缺少全国层面的财政资金投入数据，本报告以某省农担公司为例说明财政资金发挥效能。由表23可见，2018—2020年，该省农担公司

---

① 如果农担公司在计算净资产放大倍数时，使用在保贷款余额作为分子，那么，计算结果将大于使用在保责任余额作为分子所得到的倍数。这样的话，农担体系统计的净资产放大倍数离《融担监管配套制度》规定的上限更远，提升空间更大。

② FAO, "Credit Guarantee Systems for Agriculture and Rural Enterprise Development", Rome, 2013.

③ 中国融资担保业协会编著：《中国融资担保业发展报告（1993—2013）》，中国金融出版社2015年版，第56页。

④ 农担资本金规模与业务规模、担保放大倍数之间的规模经济效应值得进一步深入研究。

⑤ 国家农担政策关于政策效能的衡量中对于财政投入只考虑了农担机构的注册资本金。

担保业务的政策效能不断提高,由 1.86 倍扩大到 6.04 倍①。

表 23　　　　　某省农担公司财政效能估算　　　单位:亿元、倍

| 年份 | 注册资本金 | 累计财政奖补资金 | 累计新增担保金额 | 政策效能 |
|---|---|---|---|---|
| 2018 | 65.8 | 0.05 | 122.5 | 1.86 |
| 2019 | 65.8 | 0.74 | 179.38 | 2.70 |
| 2020 | 62.3 | 1.84 | 387.45 | 6.04 |

资料来源:由某省农担公司提供。

(3)成本收入比。成本收入比为营业费用与营业收入之比。一般来讲,成本收入比的高低,可以反映出一家机构的成本控制能力,进而反映其效率,成本收入比越低,其成本控制能力越高,否则成本控制能力就越低,效率也就越低。因缺乏全国层面数据,本报告以某省级农担数据为例分析,发现 2016—2020 年该公司成本收入比呈现波动上升趋势,尤其是在 2020年,成本收入比高达 94.62%,说明该公司营业成本接近于营业收入。如果以商业银行成本收入比不超过 45% 为参考,该公司经营效率较低。

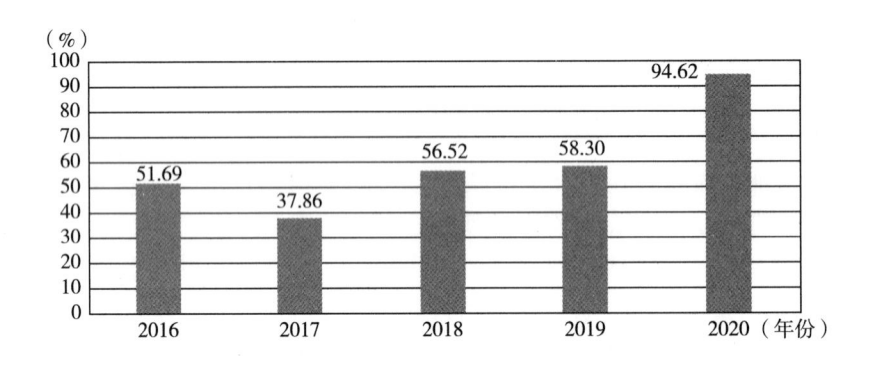

图 9　某省农担公司成本收入比

（2016: 51.69；2017: 37.86；2018: 56.52；2019: 58.30；2020: 94.62）

资料来源:由某省农担公司提供。

---

① 本报告采用的政策效能计算公式与国家农业信贷担保联盟公司的计算方法不完全相同,分母增加了年度的财政投入金额,以尽量反映国家财政(包括中央和地方各级财政)为农担业务投入的总成本。

但是，对于农担公司这样不以营利为目的的政策性企业，是否应该以成本收入比作为衡量其经营管理效率的指标之一，业界有反对意见。然而，农担公司既然是农业支持保护政策的市场化运作形式，保证一定的经营管理效率就是应有之义，需要解决的是如何确定效率的衡量指标与标准问题。所以，尽管农担公司不同于商业银行，应有不同的标准，但成本收入比是衡量经营管理效率的较好指标之一，可以对某一农担公司自身进行纵向比较，也可以在农担公司之间进行横向比较，以利于推动农担体系经营管理效率的提高。

当然，作为政策性担保机构，成本收入比不是考核农担公司经营管理效率的唯一指标，还应结合上述的净资本放大倍数和下文的全员劳动生产率等指标，综合做出判断。

（4）全员劳动生产率。2018—2021年，全国全员劳动生产率有了大幅提高。其间，全国农担体系的专职人员从1499人增加到2415人，增幅为61.11%；人均在保项目余额从4567.71万元增长到13324.64万元，增幅为191.71%（见表24）[①]。但是各省级农担公司之间的差距较大。例如，本课题组在浙江调研得知，2021年9月末，浙江农担人均在保余额3.11亿元，全国农担人均在保余额0.89亿元，浙江农担人均在保余额是全国平均水平的3.49倍。

表24　　　　　全国农担体系的全员劳动生产率（专职人员）

单位：人、亿元、万元、%

| 年份 | 专职人员数量 | 在保余额 | 人均在保余额 |
| --- | --- | --- | --- |
| 2018 | 1499.00 | 684.70 | 4567.71 |
| 2021 | 2415.00 | 3217.90 | 13324.64 |

---

① 劳动生产率更为准确的计算方法是分母使用年度的平均员工数量，但是由于数据不可得，姑且使用年底存量人员数量来估算，分子相应地使用年底在保余额。

续表

| 年份 | 专职人员数量 | 在保余额 | 人均在保余额 |
|---|---|---|---|
| 增幅 | 61.11 | 369.97 | 191.71 |

资料来源：国家农业信贷担保联盟有限责任公司。

但是，全国农担体系有大量的非专职人员。2018—2021年，农担体系专职人员加上非专职人员总数从2457人增至6207人，增幅为152.63%，远高于专职人员增幅；人均在保金额从2786.73万元增至5184.31万元，增幅为86.04%，远低于专职人员人均在保余额增幅（见表25）。

表25　　全国农担体系全员劳动生产率（专职与非专职合计）

单位：人、亿元、万元、%

| 年份 | 人员总数 | 在保余额 | 人均在保金额 |
|---|---|---|---|
| 2018 | 2457.00 | 684.70 | 2786.73 |
| 2019 | 4722.00 | 1190.32 | 2520.80 |
| 2020 | 5514.00 | 2118.00 | 3841.13 |
| 2021 | 6207.00 | 3217.90 | 5184.31 |
| 其间增幅 | 152.63 | 369.97 | 86.04 |

资料来源：国家农业信贷担保联盟有限责任公司。

非专职人员一般来自地方政府的相关部门，也有少量的金融机构人员，他们为农担体系开展业务提供了大量的支持、协调以及业务前期开拓的工作。他们不从农担公司领取报酬，甚至工作经费也是从各自部门或机构支出，这实际上构成了对农担公司的财政补贴或其他机构的外部补贴，是财政成本以及社会成本。但是，农担业务的开展离不开各级政府的支持，尤其是在农担体系发展初期，必须依靠各级政府的支持打开局面。而非专职人员是不时变动的，其对农担业务的工作量难以衡量，这增加了衡量农担体系全员劳动生产率的难度。

# 五 中国农业信贷担保体系发展前瞻

展望中国农业信贷担保的未来,既存在诸多需要解决的问题,也有良好的发展机遇。

## (一) 挑战——兼谈若干值得探讨的问题

**1. 财政奖补资金的稳定性、持续性与业务收入来源多元化**

在农担体系运行机制的整体设计中,财农〔2015〕121号文件提出省级财政要会同有关部门建立农担经营的风险补助机制,主要包括担保费补助和代偿补助,以鼓励农业信贷担保机构做大农业信贷担保业务,稳定经营预期,降低农业贷款者资金成本。财农〔2017〕40号文和财农〔2020〕15号文相继明确了奖补的具体办法。中央财政对政策性农担业务的担保费用补助资金和业务奖补资金是在政策性担保业务规模的基础上进行测算,这对全国农担业务规模快速扩大、业务政策精准性高和财政资金使用效率较高都发挥了重要的引导和激励作用。但同时,财政奖补本身的力度、稳定性和可持续性存在一定程度的不确定性,成为影响农担体系可持续发展的重要变数。

财农〔2015〕121号文件同时提出"政策性农业信贷担保机构以可持续发展为运营目标",要"对担保费补助和代偿补助实行上限控制",以"明确农业信贷担保机构的市场主体责任",这意味着财政对于农担的风险补助是有边界的。如前分析,从目前全国农担体系的收入结构看,在坚持政策性低担保费甚至零担保费的情况下,加之农担公司缺乏其他经营或投资收入来源,农担公司对财政奖补资金已经产生了严重依赖。如果没有财政奖补,农担公司就将亏损,其可持续发展能力将被严重削弱。如果财政奖补力度下降或者不能及时到位,也将影响农担公司的正常经营,抑制农担公司开拓业务的能力和积极性。因此,一些省级农担公司认为,农担业务规模的扩大,不只是依靠资本金,更要依靠财政奖补资金。可见,农担公司尚未成为可以靠市场化经营而自负盈亏的一般市场主体,财政奖补能力决定了农担服务能力和业务规模的边界。这个问题可能随着担保业务规模的扩大而愈加明显。

在这种情况下,如果财政奖补资金规模不能随农担业务规模一同增长,同时担保费率又不能提高,那么,要提高担保能力和扩大农担业务规模,就需要找到其他收入来弥补经营管理成本增加带来的更大收入缺口,即实现收入来源多样化。收入来源多样化意味着业务多元化。财农〔2015〕121 号文提出:"农业信贷担保可以逐步向农业其他领域拓展,并向与农业直接相关的第二、第三产业延伸,促进农村第一、第二、第三产业融合发展。省级财政部门、农业部门要会同有关部门,根据当地实际确定纳入支持的新型经营主体和业务范围。"《中华人民共和国乡村振兴促进法》第 63 条规定:"财政出资设立的农业信贷担保机构应当主要为从事农业生产和与农业生产直接相关的经营主体服务。"可见,农担体系可以在政策和法律规定的范围内进行业务创新,市场化运作,尽量减少对财政补助的依赖。

### 2. 代偿、追偿、补偿与核销

从风险管理角度看,农担业务规模不仅受制于净资产规模,同样也受到代偿水平和追偿能力的严重制约。过低的代偿率往往意味着担保策略过于保守,担保覆盖面有限,政策性担保作用没有充分发挥；或者采取了过多的管控措施，导致担保业务操作成本过高，损失了经营效率。过高的代偿率可能意味着担保门槛较低，担保覆盖面较大，受益面广，但也可能意味着较低的风险管理能力。不管怎样，在较高的代偿水平下，追偿能力和补偿机制就显得尤为关键。

追偿能力受到农担公司政策取向、外部环境和自身能力的三重制约。作为政策性担保机构，要解决农业农村担保物缺乏所导致的贷款难贷款贵问题，所以各省农担公司按照国家政策，对小额担保业务普遍不要求以物反担保，而是在形式上要求借款人的家人或亲戚朋友提供保证反担保，即使对较大额度的要求以物反担保，其要求也普遍低于银行，担保物的市场价值或变现能力一般都较低，不然银行就可以直接凭这样的担保物放贷了。因此，农担体系面临"软反担保"或"弱反担保"约束，加之农业弱质性特征，一旦客户发生违约，农担公司代偿后普遍处于难以有效执行反担保的困境。此外，民事诉讼执行难、社会诚信体系不完善[①]的问题也不利于农担公司追偿。当然，农担公司自身的追偿激励约束机制也有很大的改善空间。

可见，农担体系代偿追偿难在很大程度上是个系统性问题，需要农担公司提高追偿能力，但更需要在制度层面建立健全代偿补偿机制。目前农担体系的代偿补偿资金来自内外两个渠道。内部补偿来源主要包括两个部分：一是资本金增值，二是自提的担保风险准备金。外部补偿来源主要是中央和地方财政对农担业务的奖补资金、地方政府设立的风险资金池和国家农担公司的再担保。从本课题组的调研情况看，这两个渠道都没有完全满足农担公司的代偿补偿需要，尤其对那些代偿率高而代偿

---

① 霍禹光：《人民法院执行难的成因及解决办法》，《法制博览》2022年第7期；许庆胜：《我国民事诉讼执行的困境及完善路径》，《法制博览》2023年第4期。

追偿率低的农担公司。

在地方政府设立风险资金池方面，只要财力足够，基层政府有动力设立担保风险资金池，支持农担业务在本地区的开展，因为农担有利于缓解本地区农业农村经济发展中的融资难融资贵问题，促进本地区农民增收和农业农村发展，也能为国家粮食安全做出贡献。同时，省级农担的进入以及随之而来的国家和省级财政的相应支持，相当于财政转移支付，壮大了基层政府的财政能力，在很大程度上解决了地方政府想办而办不到的事情。但是，如果基层政府没有足够财力建立有效的风险资金池，就无法享受到这样的红利。

在再担保方面，尽管国家农担公司已建立起再担保能力，但仍难以有效满足省级农担公司对再担保服务的需求。首先，国家农担公司既要发挥对省级农担公司代偿的政策性补偿功能，收取较低的再担保费，又要确保国有资产保值增值，如果中央财政难以定期对再担保净损失进行全额补偿，国家农担公司就会对再担保业务采取保守策略。其次，国家农担公司运行时间相对较短，在发展模式、运营机制等方面还有待探索和提高。最后，中国再担保法律体系不健全，没有专门的再担保机构管理办法或指导意见，对再担保公司准入、业务规范、风险补偿和其他财税支持措施等都缺少明确的规定，不利于农业信贷再担保体系充分发挥作用。

无论哪种渠道，国际经验表明，在有公共财政资源补偿的情况下，政策性担保有可能引发银行、客户和担保机构三方的道德风险。因为有了政府专项资金的担保损失补偿甚至兜底，银行有可能放松审贷标准或者将高风险及发生不良的存量客户包藏在担保项目中，尤其是在担保机构承担全部信贷违约风险和批量担保方式下更容易发生这种情况；客户有可能因此降低履约的自我约束动力；而担保机构也可能因此放松风控标准和措施，甚或为了获得担保业务的奖补资金而不顾风险地快速扩大业务规模。所以，建立什么样的代偿补偿机制是一个值得研究的重大问题。

目前农担体系普遍存在或多或少长期挂账的应收代偿款无法收回，导致机构资产质量和税前利润虚高等问题，影响了农担体系长期稳定运行。有农担公司希望国家出台呆账核销政策，超过一定时限的应收代偿款应认定为损失，并将这些代偿损失冲减至资产负债表之外，以改善业务经营指标和资产质量。但是，呆账核销须以利润冲销，在农担公司收入严重依赖财政补助资金的情况下，这意味着要动用财政补贴收入来冲销代偿损失。而且，现有呆账核销政策对农担公司也不一定适用。例如，现行的《金融企业呆账核销管理办法（2017年版）》①（以下简称《核销办法》）规定"对于单户贷款余额在30万元及以下（农村信用社、村镇银行为10万元及以下）的个人无抵押（质押）贷款、抵押（质押）无效贷款或者抵押（质押）物已处置完毕的贷款，经追索180天以上，仍未能收回的剩余债权，其中，对于单户贷款余额在5万元及以下（农村信用社、村镇银行为1万元及以下）的，可以采用清单方式进行核销"。对于超过这些额度的，须逐笔提供各类核销证明。2021年全国农担体系户均新增担保额30万元（见表10），单笔担保额10万元以下业务的在保余额仅占2.75%（见表11）。据此推测，尽管没有全国农担体系应收代偿款的数据，但是符合《核销办法》规定的可以清单方式核销的情形应该不多。如果是这样，那么，逐笔办理各项核销证明，将耗费大量的人力和物力。此外，呆账核销有可能引起内外部的道德风险。在内部，呆账核销后，尽管"账销案存、权在力催"，但是如果激励措施不到位，相关责任人或清收人会怠于继续催收。在外部，如果呆账核销消息被泄露出去，被担保人得知后，可能不再偿还农担公司的代偿款，

---

① 该办法规定融资担保公司参照执行。

而且可能"传染"给其他被担保人，形成成片的恶意逃废债务行为，这将成为农担公司的灾难。

呆账核销可以挖掉农担公司资产中的"脓包"，改善财务指标，有利于真实反映农担公司的资产质量和利润水平，有利于农担公司"轻装上阵"，很有必要。而且全国农担体系发展七八年来，尽管各省级农担公司的资产质量差异较大，但普遍积累了一定数量难以收回或无法收回的应收代偿款，尤其是那些长期挂账应收代偿款较多的农担公司，对国家出台农担呆账核销政策的需求尤为迫切。

尽管如此，核销政策解决不了代偿损失的补偿问题，仍然需要下大力气加强和完善农担代偿补偿体系与机制。

### 3. 业务审批、获客方式与业务风险和政策效果

逐笔担保和批量担保两种审批方式各有利弊，对农担公司的风控水平和资产质量可能产生重要影响。逐笔担保需要农担公司对项目逐一审核，并根据每个项目的情况设定担保条件并出具担保函，因此，农担公司需要花费较高的时间成本和人员成本，但是其优势在于农担公司可以独立判断项目的可行性，作出承保或拒保决定，不受其他机构干扰。

而批量担保不需要农担公司进行尽职调查，可以针对一揽子贷款标的直接出具统一担保函，保后管理也常常依托银行的业务网点和人员去做，这样，农担公司可以降低开展业务的时间成本和人力成本，有利于农担公司以较低的成本快速扩大业务规模。在批量担保模式下，担保费支付主体可能由借款人改为银行，一般是在担保业务完成后才支付。这样，批量担保方式就有可能降低借款人的融资成本。但是，批量担保存在两大弊端。一是可能引致银行道德风险，因为在这种方式下银行有机会将较高风险的客户包藏其中或者降低对客户原有的审贷要求。因此，一般情况下批量担保业务的代偿率要高于逐笔担保

业务，而且可能向农担公司与银行约定的代偿率上限3%逼近。所以，相较于逐笔担保方式，批量担保可能增加农担公司业务的潜在风险。二是批量担保客户多为银行存量客户，对信贷供给增加量的贡献没有或很少，使农担政策效果打了折扣。

从国内外经验看，如果做批量担保，可以采用政府部门管理或政府委托其他机构代管的专项担保基金形式①，制定清晰、明确的准入条件、代偿标准和程序，按章受理金融机构的代偿请求，无须设立独立的专业担保机构。从这个角度看，农担公司可能需要尽量避免简单的"见贷即保"的批量担保方式，真正去发现银行不愿贷不敢贷，但又是农担应该支持的农业融资需求主体。目前，部分农担公司能够利用自身独特优势，接入涉农政务信息平台和其他涉农信用信息平台，获取涉农大数据，自建大数据风控模型，大批量地开展担保业务，这是农担公司利用数字技术开展的新型自主获客，超越了传统的线下展业模式，与上述依靠银行获客的批量担保方式有本质的不同②。这样的批量担保方式应该是农担基本业务模式的发展方向。

### 4. 首贷比、增加量考核与激励效应

2020年财政部下发的《关于进一步做好全国农业信贷担保工作的通知》（财农〔2020〕15号）提出，要"鼓励省级农担公司拓展对农业适度规模经营主体的首贷业务"。2022年银保监会办公厅下发的《关于2022年进一步强化金融支持小微企业发展工作的通知》（银保监办发〔2022〕37号）也强调"努力提升小微企业贷款户中首贷户的比重"，对商业银行首贷户的考核持续强化。首贷户是指首次获得银行等金融机构贷款的客

---

① 江苏省普惠金融发展风险补偿基金就是这样的担保基金，由江苏省财政厅直接管理。

② 浙江农担已经建立起依靠自己的大数据来源和风控模式进行批量担保的业务模式。

户。这样的客户在农担公司增信的情况下才能得到银行贷款，说明对于银行来说他们一般是缺乏信用信息和合格担保物的风险较高或经营成本较高的客户群体。这个群体也正是农村贷款难贷款贵的主要痛点和难点所在，应是政策性农担重点支持的对象。

如果首贷户占比较高，意味着在农担增信的支持下以前未得到贷款服务的弱势群体得到了服务，增加了农业农村金融服务供给，推动了包容性发展。但是在实际执行中"首贷户"概念被异化，有农担公司将"首担户"统计为"首贷户"，即无论这样的客户以前是否得到过银行贷款，只要是首次获得农担公司担保，就算是"首贷户"；有银行将第一次从本银行贷款的客户统计为"首贷户"，不管他们是否从其他银行贷过款。在这种情况下，关于首贷户占比的统计数字是不准确的，也就难以为此项绩效考核提供可靠依据。尽管如此，这部分客户借助农担增信的作用，可能得到了更大的贷款额度，其融资需求得到了更好地满足，也是农担发挥杠杆作用的证明。而且随着农担业务覆盖面的不断扩大，首贷户或首担户一定会不断减少，这样，农担公司基于首贷户数量的奖补收入就会越来越少，这一激励措施就会失效。因此，从保持政策有效激励作用角度考虑，以首贷户为重要指标的考核指标体系应适时调整，增加量可能是比首贷户占比更有意义的绩效考核指标。

### 5. 净资产放大倍数计算方法与农担放大倍数提升空间

如果各省级农担公司在统计上报净资产放大倍数时，使用担保客户得到的全部贷款余额作为分子进行计算，那么，得到的放大倍数是反映了财政资金对金融资源的撬动作用，但同时也高估了担保责任风险，因为《融资担保公司监督管理条例》（以下简称《融担监管条例》）和财农〔2020〕15号文规定的放大倍数是指在保责任余额对净资产的放大倍数，而在担保机构只承担部分风险的情况下，在保责任余额小于担保客户得到的全部贷款余额。

《融担监管条例》对净资产放大倍数进行规定的主要目的在于控制融资担保机构的经营风险，而非撬动作用。作为政策性融资担保，农担体系既要从提高财政资金利用效率的角度，考核净资产对在保贷款余额的放大效果，又应从风险控制的角度，考核净资产对在保责任余额的放大情况。借鉴国际劳工组织提出的方法，可以将财政担保资金的放大倍数分解为两个部分：一是"杠杆系数"（Leverage），即在保责任余额对净资产的倍数，与《融担监管条例》和财农〔2020〕15号文规定的净资产放大倍数一致。二是"放大系数"（Multiplier），即担保客户得到的全部贷款余额对担保机构净资产的倍数，与各省农担公司的普遍做法一致[①]。

在目前使用一个概念而采用不同计算方法的情况下，无法准确衡量农担公司承担的风险程度，因为不同省的农担公司与银行的分险比例不同，即使同一个农担公司对不同的产品也可能承担不同的风险比例。因此，有必要调整统计指标与统计口径，参照国际劳工组织的方法，设计杠杆系数与放大系数两个指标。

分开使用上述两个指标，就可以分别衡量经营风险和财政资金使用效率，既可以对照监管要求，进行审慎监管，有利于农担体系可持续发展；又可以反映农担的政策性绩效。此外，使用客户得到的担保贷款余额作为分子计算得到放大倍数夸大了农担公司在保责任余额风险。所以，使用杠杆系数后，可以看到农担体系净资产放大倍数离《融担监管配套制度》规定的上限更远，提升空间更大。

---

① 参见 Sarah Gray 等著《小型/微型企业担保基金操作指南》，中国国际经济技术交流中心、中国经济技术投资担保有限公司、北京大学中国中小企业促进中心译，经济科学出版社 2022 年版，第 104—106 页。

分设这两个指标的前提是农担公司与合作银行分担风险。如果农担公司承担100%风险，那么，杠杆系数等于放大系数，就会降低财政资金的利用效率，也将增加农担公司的风险。所以，分险对于农担公司的健康发展具有重要意义。

**6. 同业竞争与分险比例**

农担体系的竞争主要来自以国家融资担保基金为龙头的全国政府性融资担保体系（以下简称"融担体系"）①。2018年20家银行及金融机构共同发起成立了国家融资担保基金，首期注册资本661亿元，坚持准公共定位，按照"政策性导向、市场化运作、专业化管理"的运行模式，通过再担保分险、股权投资等方式，与各省既有和新建的政府独资或控股的融资担保机构（主要是从事中小企业融资担保的机构，以下简称"融担机构"）合作，引导金融资源服务小微企业、"三农"、创业创新和战略性新兴产业等领域。截至2021年年底，融担体系内市县级担保机构达1203家，覆盖25个省（区、市）、5个计划单列市的2136个县区，形成了"国家—省—地市三级联动"的融担体系②。

近几年来，融担体系在主要面向中小企业提供融资担保服务的同时，也向"三农"领域发展。2021年融担体系支小支农再担保合作业务规模达7449.76亿元，单户500万元及以下支

---

① 所谓"政府性融资担保"与农担的"政策性融资担保"只是称谓不同，本质上都是不以营利为目的、市场化运作的准公共服务，这种服务机构或可称为国有非营利企业。

② 曲哲涵：《政府性融资担保撬动资金流向小微企业、"三农"等领域——扶小助农，财政资金四两拨千斤》，《人民日报》2022年1月22日第2版。

小支农业务规模达到4570.01亿元，其中支农规模占比为60.59%①。融担体系的资本金规模较大，担保费率不断下降，已接近农担体系的收费水平，而且不受"双控"政策限制。部分省农担公司明显感受到来自融担机构的竞争压力。

同业竞争还来自民营融资担保机构、农业供应链核心企业和农业社会化服务企业。其中，民营融资担保机构长期深耕当地农业产业，农业供应链核心企业和农业社会化服务企业多参与到农业全产业链当中，掌握产业链上下游企业经营状况和相关市场信息，可以凭借信息和资金等优势，为供应链金融提供担保服务。

良性竞争有利于提高竞争者彼此的经营效率，提升对客户的服务质量，促进行业的健康发展。但是恶性竞争至少将对一方竞争者造成伤害，并损害行业发展，暂时获益的一方也可能因为行业长期发展受损而受到伤害，而最终客户可能因此失去优质服务。在融资担保领域，恶性竞争的表现之一是担保机构竞相压低银行的分险比例，直至零，即为了赢得与银行合作，主动承担更多的违约风险，直至100%。如果出现这种局面，就将倒退到十年前，那时违约风险几乎全部由担保机构承担，收益与风险失衡，形成制度性亏损②。

作为一项公平的交易，信贷交易各方都应从中获益，也应承担相应的风险。因此，银行承担一定比例的违约风险理所应当。国际劳工组织专家根据哥伦比亚一家担保基金在15年中的业务数据，计算了该担保基金和银行的分险比例与双方损失概率之间的相关性。如图1所示，随着担保基金分险比例的提高，

---

① 曲哲涵：《政府性融资担保撬动资金流向小微企业、"三农"等领域——扶小助农，财政资金四两拨千斤》《人民日报》2022年1月22日第2版。

② 中国融资担保业协会编著：《中国融资担保业发展报告（1993—2014）》，中国金融出版社2015年版，第138、153页。

担保基金的损失概率将不断提高,而银行的损失概率将不断降低,两条曲线的交汇点在分险比例为50%处。在这个分险均衡点,双方损失概率都达到了最小①。从此图可以看到,担保机构与银行合理分担风险是公平的。

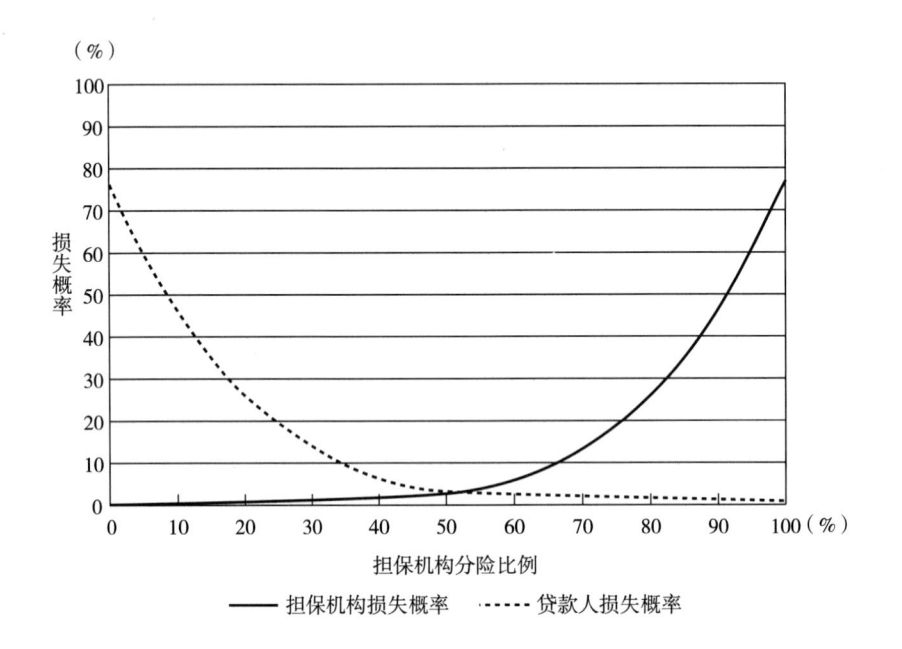

**图 1　分险比例与损失概率**

资料来源:Sarah Gray 等著:《小型/微型企业担保基金操作指南》,中国国际经济技术交流中心、中国经济技术投资担保有限公司、北京大学中国中小企业促进中心译,经济科学出版社2022年版,第53—55页。

农担体系经过多年努力,与银行普遍达成了分险的制度安排,一般是2∶8,有的农担机构甚至可以在某些担保业务中将

---

① 尽管如此,在分险均衡点仍有2%的损失率。这个损失率成为哥伦比亚这家担保基金设定担保费率的依据。参见 Sarah Gray 等著《小型/微型企业担保基金操作指南》,中国国际经济技术交流中心、中国经济技术投资担保有限公司、北京大学中国中小企业促进中心译,经济科学出版社2022年版,第53—55页。

自身的分险比例降到60%。这样的制度安排可以降低担保机构承担的风险，提高净资产的放大倍数，从而提高财政资金的使用效率。如果担保机构为了竞争市场而竞相承担100%的风险，将严重削弱竞争双方在与银行等金融机构合作中的地位和话语权，不仅会提高竞争双方的业务风险水平，降低其可持续发展能力，而且将降低财政资金的使用效率，最终影响其长期服务客户的能力，影响行业的健康发展，农担体系经过多年努力争取到的与银行合理分险的合作条件有可能前功尽弃①。

**7. 合作银行的选择**

农担作为增信手段，在信贷交易中处于辅助性、从属性和补充性的地位，信贷资产的质量直接影响担保业务的风险状况。因此，农担业务质量不仅受农担公司本身经营管理能力的影响，也受到合作银行的经营管理水平的影响。如果合作银行经营管理能力弱或者具有发生道德风险的倾向，那么在客户筛选、贷款审核和贷后管理等环节都可能给农担业务埋下风险隐患，可能成为农担业务高代偿率和追偿难的重要原因。因此，在国际上选择具有丰富经验和足够经营管理能力的合作银行是开展担保业务的一项重要原则。全国农担体系建成以来，传统的农村金融机构是其主要的合作伙伴，包括农信机构、农行、邮储行和村镇银行等。在国家脱贫攻坚、乡村振兴和普惠金融等政策的持续推动下，现在国有大型商业银行和股份制商业银行也纷纷进入农村金融市场，如建设银行、工商银行以及地方银行等。由于这些银行缺乏农村金融服务经验，尤其是面向小农户和新

---

① 风险和责任承担失衡的协议一旦形成，将很难改变，因为一般处于强势地位的金融机构轻易不会提高自己的风险分担比例。参见 Sarah Gray 等著《小型/微型企业担保基金操作指南》，中国国际经济技术交流中心、中国经济技术投资担保有限公司、北京大学中国中小企业促进中心译，经济科学出版社2022年版，第46页。

型农业经营主体提供金融服务的经验，他们更愿意与农担合作，为其分担农贷风险。近年来由科技银行带动的数字金融蓬勃发展，使金融覆盖面不断拓宽、不断下沉，服务"三农"也成为科技银行业务的重要内容。科技银行不设线下网点，几乎完全依靠线上获客和利用大数据的风控模型开展业务。即使使用大数据进行智能化风控，科技银行的信贷业务仍然有较大的风险敞口，需要分散渠道。因此，科技银行对农担也有较大的合作需求。

不管是哪类银行，要成为农担公司的合作伙伴，都应具备两项基本条件，缺一不可：一是制定了服务"三农"的长期发展战略。二是有服务"三农"的真本领，即具备足够的服务"三农"的经营管理能力和经验。

### 8. 数字化转型

在数字技术逐渐渗透到各行各业的经济社会背景下，农担的数字化转型是关乎农担长远、根本、重大发展的核心基础性问题。财农〔2015〕121号文提出"逐步建立和完善全国共享的农业信贷担保信用信息、业务信息、风险信息数据库，搭建服务农业发展的信用信息数据库、服务网和信贷对接平台"。近年来，国家农担公司和各省级农担公司都在谋划和探索数字化转型之路，有些省级农担已经取得了一定成效和经验，如山东、江苏和浙江等。

2021年，国家农担公司制订了《国家农担公司数字化转型信息化建设五年规划》（以下简称《数字化五年规划》）和《关于推进全国农担体系数字化转型的指导意见》（以下简称《数字化转型指导意见》）。其中《数字化五年规划》提出了农担体系数字化转型的总体目标、两步骤三阶段的目标、任务和分工①。但是，要实现规划目标困难重重，其中，为了保证数据安全，涉农公共和政务数据的归集管理和数据利用理应分开，农担体系要建立自己的新型农业经营主体数据中心，并在此基础上建立经营分析与决策支持平台，恐怕难以实现。省级农担公司由于只在本省范围内经营，外省数据对于它们缺乏利用价值，因此，建立全国农担体系统一数据库的必要性不够充分。

此外，数字化转型对人力、财力投入都有很高要求，农担体系能否支付得起这样的成本也是一个问题。

**9. 去担保化、客户"毕业"与农担市场空间**

所谓"去担保化"是指银行对原来农担公司担保的贷款客户直接发放贷款，不再需要农担公司担保，亦即担保客户"毕业"。担保客户"毕业"本应是农担政策目标的应有之义，也是农担发挥作用的证明，但这与农担公司自身的利益存在一定矛盾，因为客户"毕业"意味着客户流失，农担公司需要投入更多成本开发新客户，不然担保业务规模将受到压缩，进而导致收入（其中主要是财政奖补收入）减少。所以，"去担保化"对农担公司的生存和发展构成威胁。

---

① 国家农担公司提出的农担体系数字化转型的总体目标主要是"利用大数据、云计算、人工智能、区块链等前沿金融科技实现数字化运营、数字化决策，逐步打造数字化生态，通过大数据风控，推动展业模式调整，实现业务快速上量，为政策制定提供数据依据"。农担数字化建设包括两大步骤三个阶段：第一步是实现产业数字化，利用新技术改造农担传统业务模式，提高业务处理效率，实现业务快速上量；第二步是实现数字产业化，依靠信息技术创新驱动，以数据资产为基础，不断催生新模式，用新动能推动新发展。两大步骤通过三个阶段建设（数字化运营、数字化决策和数字化生态），分别实现产业数字化和数字产业化，通过实现数字化运营和数字化决策建设达到产业数字化的目标；通过数字化生态建设推动数字产业化目标的实现。详见国家农业信贷担保联盟公司《国家农担公司数字化转型信息化建设五年规划》。

"去担保化"的原因在于宏微观两个层面。在微观层面，"借贷双方在长期业务交往中建立起来的信贷关系本身就是一种担保资源"①。在农担支持下，金融机构经过与担保客户的信贷业务交往，当发现这些客户信用足够好，信贷风险可控，就会"去担保"，以降低信贷交易成本，提高客户体验，增强市场竞争力。在宏观层面，我国经济社会和科技发展为"去担保"创造了条件。一是中国社会信用信息体系不断完善，社会信用环境不断改善，为金融机构开展小额信用贷款创造了条件。二是在脱贫攻坚、乡村振兴和普惠金融等政策推动下，大中型商业银行纷纷下乡，导致近年来农村金融市场供给不断增加，各银行在风险可控的范围内纷纷采用信用贷款，并逐步提高信用贷款授信额度，以增强市场竞争力。三是近年来中国经济社会数字化转型加快发展，金融科技和大数据为金融机构所利用，降低了农村金融市场上信息不对称程度和经营成本，提高了金融机构的风险识别和防控能力，为扩大信用贷款范围和额度提供了可能。

"去担保化"简化了信贷交易流程，降低了交易成本，提高了交易效率，为降低贷款利率创造了条件，对解决融资难和融资贵的问题都有积极意义。"去担保化"也是经济社会数字化转型发展的必然趋势，是高质量发展的应有之义。所以，农担体系如何在"去担保化"的趋势中找到自身的存在价值和发展空间，成为农担政策与农担体系可持续发展所必须面对和回答的问题。

既然客户"毕业"是农担发挥政策性作用的重要表现，"毕业率"就应该成为衡量农担体系政策性绩效的重要指标。但是，怎样计算"毕业率"是一个难题。如果借鉴商业机构计算客户

---

① 梁鸿飞：《西方信贷融资担保理论》，《北京大学学报》（哲学社会科学版）2003年第1期。

流失率的公式①，农担公司的客户毕业率的计算公式可以是：

客户毕业率＝当期毕业客户数／上期客户总数×100%

在这个公式中，"当期毕业客户数"是一个难以统计的数值，因为判断一个流失的客户是否真的"毕业"了存在困难。如果一个担保客户在如约偿清了上一期贷款之后，不需要农担担保就可以从银行得到下一期贷款，那么，在合作银行提供这些信息的情况下，就可以将这样的客户计入"毕业"客户。但是，实际情况要复杂得多。例如，如果客户不再从原合作银行借款，或者不再从外部融资，也成为农担公司合作银行的流失客户，那么，如何判断客户流失是因为其信用能力得到提升而不再需要担保，还是因为对农担公司或者银行的服务不满意，抑或因为担保或贷款的其他条件变了呢？例如，是否因为政府不再贴息？在有些省份，农担业务规模曾因财政贴息而快速增长，但是，一段时间的贴息结束后，就出现了比较严重的客户流失。在这种情况下，很难判断客户是否真的因为能力提升而"毕业"，或许这样的客户本来早就是"毕业生"了，即银行原有的不需要农担担保也可以得到贷款的存量客户，只不过是因为财政贴息才转而借用担保贷款。这是典型的政策性目标偏离。此外，"毕业"客户应该是那些在得到农担担保之前没有得到过贷款或者贷款额较低的客户，即能够反映农担政策性绩效的首贷户②和有贷款增量的客户。如前分析，首贷户数量实际上难以准确统计且占比很小，而有贷款增量的客户需要银行配合才有可能得到准确数据。因此，客户毕业率需要农担体系与合作银行协助才有可能找到合适的统计方法。

---

① 商业机构的客户流失率可以用一定时间内停止使用公司产品或服务的客户比例来表示，计算公式是：客户流失率＝当期流失客户数／上期客户总数×100%。

② 第一次获得担保贷款时是首贷户，当期可能已经获得过若干次。

**10. 贴息**

对担保贷款的财政贴息降低了担保客户的融资成本，也刺激了银行与农担公司合作的意愿，因为降低的融资成本能够吸引更多客户，提高合作银行的市场竞争力。这样也可以提高农担公司在与地方政府以及银行合作中的谈判地位和话语权，有利于快速扩大业务规模和覆盖范围。同时，随着客户数量的快速增加，农担公司也可以获得更多的农户生产经营和信用数据，为数字化转型积累数据资源。

但是，财政贴息也有明显的缺陷。第一，扭曲市场利率，可能导致不公平竞争。银行贷款利率是在国家贷款市场报价利率基础上，根据市场供需和竞争等状况而形成的市场均衡利率，贴息后的利率低于市场均衡利率，对未与农担公司合作开展农村信贷业务的金融机构形成不公平竞争。第二，对未获得担保贷款的农户形成不公平对待。财政贴息资金有限，对于同样使用贷款的农业经营主体，没有得到担保的就享受不到贴息优惠，形成事实上的歧视性待遇。第三，财政贴息可能"诱惑"本无贷款需要或银行存量客户借用担保贷款，进行无风险套利等行为，在财政贴息结束后又不再借款，不仅会导致农担业务规模的较大波动，而且导致财政资金的滥用和政策性目标偏离。第四，因为各级政府财力有限和工作重心调整，财政贴息的力度和持续时间具有较大的不确定性，可能给农担公司及其合作银行的经营带来麻烦，包括经营目标难以规划、机构声誉受损、客户黏性降低等。

贴息与担保的功能是不同的。贴息的目的和功能在于降低借款人的融资成本，解决或缓解贷款贵的问题；担保的目的和功能主要是通过为借款人增信和分担银行信贷风险来增加借款人的获贷可得性，即主要解决的是贷款难问题。一些地区的实践证明，通过向当地重要的农业特色产业或主导产业的经营主体提供贷款贴息，降低了这些经营主体的融资成本，有效推动了这些产业的发展。但是，这样的贴息无须与担保捆绑，避免上述弊端发生。因此，财农〔2020〕15号文强调"不鼓励各地长期通过贷款贴息等方式过度降低融资成本，防止贷款主体资金挪用、无风险套利等行为对正常融资需求产生挤出效应，增大担保风险和寻租空间"。但是，有省级农担公司从增强自身对银行谈判地位和扩大业务规模考虑，力图将贴息与担保政策捆绑。这种做法不应该，也不可能持续。

## （二）机遇

### 1. 新发展阶段的国家发展战略对农担提出了新要求

2020年中国政府历史性地完成了脱贫攻坚任务，进入新发展阶段。2020年10月29日，习近平总书记在党的十九届五中全会第二次全体会议上的讲话指出，中国已经进入新发展阶段，即全面建设社会主义现代化国家、向第二个百年奋斗目标进军的阶段；在新发展阶段需要构建以国内大循环为主体、国内国际双循环相互促进的新发展格局，而实现农业农村现代化是在新发展阶段为全面建设社会主义现代化国家的重大任务，是解决发展不平衡不充分问题的必然要求；要坚持把解决好"三农"问题作为全党工作重中之重，全面实施乡村振兴战略；保障粮食等重要农产品供给安全，是"三农"工作头等大事，要确保谷物基本自给、口粮绝对安全，确保中国人的饭碗牢牢端在自己手中；要坚持推动农业供给侧结构性改革，优化农业生产结构，优化农业生产区域布局，加强粮食生产功能区、重要农产品生产保护区和特色农产品优势区建设。

2022年，党的二十大报告明确提出，"加快建设农业强国"的战略目标。2023年习近平总书记在《求是》杂志第6期上发表文章，指出"未来5年'三农'工作要全面推进乡村振兴，到2035年基本实现农业现代化，到本世纪中叶建成农业强国。这是党中央着眼全面建成社会主义现代化强国作出的战略部署。强国必先强农，农强方能国强。没有农业强国就没有整个现代化强国；没有农业农村现代化，社会主义现代化就是不全面的。我们必须深刻领会党中央这一战略部署，把加快建设农业强国摆上建设社会主义现代化强国的重要位置"。可见，农业强国是社会主义现代化强国的根基，实现农业农村现代化和乡村振兴是实现这一目标的必由之路。

2023年中央一号文件《中共中央国务院关于做好2023年全面推进乡村振兴重点工作的意见》要求"推动金融机构增加乡村振兴相关领域贷款投放，重点保障粮食安全信贷资金需求。引导信贷担保业务向农业农村领域倾斜，发挥全国农业信贷担保体系作用"。因此，在新发展阶段农担的任务更显重要。

2021年全国人民代表大会常务委员会第二十八次会议通过的《中华人民共和国乡村振兴促进法》第63条也为农担发展提供了法律依据。

**2. 农村金融需求为农担发展提供了充足空间**

尽管农担面临"去担保化"的问题，但是新型农业经营主体的信贷需求远未得到较好满足，农担的市场空间依然广阔。根据农业农村部对外经济合作中心课题组于2020—2021年的调查研究（以下简称农业外经中心课题组），规模化经营的新型农业经营主体与小农户不同，其信贷需求主要有三个特点。一是信贷需求额度较大（见表1）。2020—2021年农业农村部对外经济合作中心的调查数据显示，家庭农场的平均借款期望值为101.91万元，专业大户的是240.63万元，农民合作社的是

252.31万元①,分别是2021年9月底全国农担公司的担保项目平均担保金额31.5万元②的3.24倍、7.64倍、8.01倍。二是需要的信贷期限较长,家庭农场期望的借款期限是26.1个月,专业大户期望的是25.23个月,农民合作社期望的是27.49个月,即都在2—3年,而目前全国农担公司的担保期限在1年以内的约占50%。三是可承受的利率不高。家庭农场可承担的平均最高借款年利率为5.41%,专业大户的为5.44%,农民合作社的为5.72%③,均低于上述2021年9月全国农担公司客户的平均综合融资成本6.06%④。

表1　2020—2021年中国部分新型农业经营主体信贷需求特征

单位:万元、个月、%

| 需求 | 家庭农场 | 专业大户 | 农民合作社 |
| --- | --- | --- | --- |
| 期望的贷款额 | 101.91 | 240.63 | 252.31 |
| 期望的贷款期限 | 26.10 | 25.23 | 27.49 |
| 可承受的利率上限 | 5.41 | 5.44 | 5.72 |

资料来源:农业农村部对外经济合作中心编著:《金融支持新型农业经营主体模式研究》,中国财经出版传媒集团、中国财政经济出版社2021年版。

在农业外经中心课题组的调查样本中,曾向金融机构申请贷款的新型农业经营主体占比为65.26%,尽管申请成功率达

---

① 农业农村部对外经济合作中心:《金融支持新型农业经营主体模式研究》,中国财经出版传媒集团、中国财政经济出版社2021年版,第52—53页。
② 国家农业信贷担保联盟有限责任公司:《关于2021年9月业务数据统计有关情况的报告》,2021年10月。
③ 农业农村部对外经济合作中心编著:《金融支持新型农业经营主体模式研究》,中国财经出版传媒集团、中国财政经济出版社2021年版,第52—53页。
④ 国家农业信贷担保联盟有限责任公司:《关于2021年9月业务数据统计有关情况的报告》,2021年10月。

91.62%，但融资需求没有得到充分满足的占比为59.56%[①]。而农业农村部"全国家庭农场监测数据"显示，2017年有效监测样本中认为"融资没有困难"的仅占13.36%[②]。可见，新型农业经营主体的信贷需求旺盛，但远未得到满足。而这些需求是在农担"双控"政策范围内。

新型农业经营主体信贷服务不足的主要原因是农业风险与农业规模化经营叠加带来的信贷风险。首先，农业面临着自然灾害和市场两重风险。自然灾害风险能导致农产品减产、品质下降。市场风险可能导致农产品价格下跌。这些因素都将导致农业经营主体的收入减少，从而影响其还款能力，给贷款人带来风险。

新型农业经营主体自身信贷需求的特点加上农业产业的风险特点，使为其提供信贷服务的风险更高。因此，金融机构在向新型农业经营主体提供信贷服务时格外谨慎，极少提供信用贷款。根据本课题组调研，在江苏和浙江，金融机构向农户发放的信用贷款最高额度为50万元，超过这个额度就需要抵押或其他担保。而新型农业经营主体由于缺少金融机构认可的抵押物，也缺乏有实力的个人或机构提供担保[③]，难以从金融机构渠道得到足够的贷款，往往不得不从其他多种渠道融资，包括亲戚朋友、民间高利贷或互联网金融平台。

---

① 农业农村部对外经济合作中心编著：《金融支持新型农业经营主体模式研究》，中国财经出版传媒集团、中国财政经济出版社2021年版，第51页。

② 农业农村部政策与改革司、中国社会科学院农村发展研究所：《全国家庭农场监测报告（2018年）》，中国社会科学出版社2018年版，第116页。

③ 农业农村部对外经济合作中心：《金融支持新型农业经营主体模式研究》，中国财经出版传媒集团、中国财政经济出版社2021年版，第54页；农业农村部政策与改革司、中国社会科学院农村发展研究所：《全国家庭农场监测报告（2018年）》，中国社会科学出版社2018年版，第116页。

而新型农业经营主体数量庞大。到 2023 年，全国家庭农场、农民合作社分别超过 400 万家、223 万个，各类农业社会化服务组织超过 104 万个①，农业产业化龙头企业 9 万多家②。新型农业经营主体是农业强国的主要支撑，其融资需求应该有效得到满足。但是，从上述分析可以看到，新型农业经营主体的融资需求远未得到有效满足。这种状况为农担公司留下了巨大的市场空间。因此，农担公司应定位于服务新型农业经营主体的信贷担保需求，这也正是农担政策的初衷和农担公司的使命，体现出农担公司与金融机构的互补性以及农担的价值。

随着金融机构与新型农业经营主体信贷交易次数的增加以及社会信用环境改善和金融技术的进步，"去担保化"边界将继续上移，即新型农业经营主体的信贷担保需求可能逐渐降低。这势必会继续压缩农担的市场空间，逼迫农担的服务目标对象也继续上移。随着这种上移的不断发展，未来农担公司或可从现在的间接融资市场向资本市场移动，例如，为农业中小企业发债融资提供担保。只要能够促进农业规模化发展，尤其是增强我国粮食安全保障，农担就仍然可以在保持政策性的同时，找到市场空间。

此外，农业农村第一、第二、第三产业融合发展也是农业农村现代化发展的必然趋势，随着农业产业链的延伸，农产品加工、仓储、物流和销售等各环节都有大量未获得满足的融资或非融资担保需求，都有农担发挥作用的空间，为农担体系业务收入多元化提供了更多可能。

---

① 新华社：《稳步提升粮食产能 全面推进乡村振兴——一季度农业农村经济运行情况观察》，中国政府网站，http://www.gov.cn/yaowen/2023-04/21/content_5752469.htm。

② 农业农村部政务服务窗口：《第七批农业产业化国家重点龙头企业名单公布》，http://www.moa.gov.cn/gbzwfwqjd/xxdt/202112/t20211231_6386164.htm。

### 3. 在数字农业农村建设中农担具有数据资源获取优势

数字乡村、数字农业、数字金融以及经济社会方方面面的数字化发展已成为趋势。农担必须面对金融机构和社会信用体系数字化发展的现实。为增强竞争优势，各类金融机构都在全力拓展数字化运营的能力，其中重要的基础能力就是客户信用信息数据资源的获取和利用。2019年农业农村部与中央网络安全和信息化委员会办公室印发了《数字农业农村发展规划（2019—2025年）》，提出要构建农业农村基础数据资源体系，包括五类大数据：农业自然资源大数据、重要农业种质资源大数据、农村集体资产大数据、建设农村宅基地大数据、农户和新型农业经营主体大数据；依托这个基础数据资源体系，构建农业农村大数据平台。这些大数据及其平台是开展数字化农业农村金融服务的基础。尽管该规划提出"除国家规定的涉密数据外，加快推进农业农村数据资源协同管理和融合，逐步向社会开放共享"，但是，农业农村大数据系统处于建设初期，相关的大数据管理和应用法规制度也不健全，面向社会的大数据开放共享还有待时日。从本课题组调研情况看，在这一阶段，政策性的农担体系比商业性机构更有条件获得农业农村大数据，为其运营数字化转型提供支撑，并成为其与金融机构合作的优势。例如，山东农担通过对接山东省农业农村厅、市场监管局、民政厅等省级部门，获取全省涉农主体基础数据；与各区县、镇办对接，补充各地土地流转、政策性保险、财政补贴、畜牧防疫等省级汇总不足的数据；通过山东省大数据局接入婚姻登记、土地确权、房产套次、高校学历、企业环保及环保处罚等10个省直部门共37个政务数据源接口。此外，山东农担还通过市场化机构采购多维度数据，与银行系统互联互通，实现银行贷后数据自动传输。通过这些渠道，山东农担建立了全省农业经营主体数据库。

# 六 结论与启示

## （一）结论

**1. 农担是农业支持保护政策的市场化延伸，具有双重目标**

从农担政策产生的背景、农担体系资金来源、运营和发展状况可以看到，农担是农业支持保护政策的市场化延伸，是财政与金融协同支农的创新方式，兼具政策性和市场化运作特征，是适应中国市场经济发展趋势的支农手段创新；农担公司是具有推动农业农村现代化和实现自身可持续发展双重目标的非营利企业。这种性质决定了农担公司既要努力建立自身可持续能力，又离不开必要的财政支持，更不应偏离政策初衷。

**2. 农担政策取得了明显成效，激励约束机制、各级政府支持、农担人的创造性工作以及竞争性的市场环境发挥了重要作用**

全国农担体系自建立以来，政策体系、组织体系、业务网络和经营管理制度逐步建立和完善，建立起有效的法人治理机制和业务模式，担保能力不断提升，担保业务规模快速扩大，财政资金撬动金融资源支持农业农村经济发展的作用明显，业务的政策精准性不断提高，对缓解农业农村经济发展面临的贷款难、贷款贵问题发挥了积极的促进作用，实现了政策目标。

农担政策取得成效的主要原因在于其激励约束机制。中央及地方财政对农担业务奖补资金的多少主要取决于省级农担公司政策性担保业务的完成情况，其中主要是奖补资金与"双控"目标考核挂钩，激励了农担公司将业务聚焦于支持农业适度规模经营和新型农业经营主体，不断地向政策目标靠近。由于"双控"标准限定的担保额度范围与新型农业经营主体的生产经营信贷需求基本一致①，呈现小额分散的特点，所以，"双控"标准同时也有利于降低农担业务风险，符合农担公司健康发展需要。这说明农担"双控"标准有利于实现农担政策的双重目标。

与此同时，从中央到地方各级政府的支持对农担成绩的取得发挥了重要作用。在农担业务发展过程中，各级政府都提供了巨大支持，从设立风险资金池、应急转贷资金，到提供办公场所和兼职工作人员，再到宣传、引导和协调，并与地方农业产业发展和乡村振兴任务相结合，推动了农担业务的快速发展。

尽管有多年的实践经验，但是在中国农担仍然是新生事物，尤其面对中国复杂而快速变化的农业农村经济形势，农担如何发展没有现成的答案。在国家政策的鼓励下，在各级政府部门的支持下，全国农担体系员工积极发挥主动性和创造性，发明了很多创新性的工作方法，也是农担政策和农担体系取得成效的重要原因。

不容忽视的是，中国农村金融市场竞争状况的改善也为农担政策发挥作用和农担体系的健康发展提供了良好条件。在国家政策和农村经济发展的推动下，各类银行进入农村金融市场，改变了以往农信社一家独大的垄断局面，提高了农担公司的市场地位和话语权，这是各类银行同意与农担公司分担信贷风险

---

① 从新型农业经营主体的信贷需求满足度看，一些地区的农担担保贷款额度还有提升空间。但是，这也需要考虑银行和农担公司的业务策略和风险承受能力。实际发生的新型农业经营主体户均担保贷款额是各方博弈所达成的均衡水平。

的重要前提,抑制了合作银行的道德风险,降低了农担公司的经营风险。

**3. 设立省级农担公司一级法人适宜,有利于取得规模经济和范围经济效应**

规模经济有利于提高投入产出比,范围经济有利于分散经营风险,增加收入来源。全国农担体系成立之前各地的农业信贷担保机构资金规模小,多在县域范围内经营,业务规模小,业务领域单一,产品少,致使风险相对集中。而设立省级法人机构,资本金规模大,担保能力强。而且省域范围的农业农村经济规模远超县域,农作物种类更加丰富,农业和农村经济形态更加多样,农业产业链更长。这些有利于农担公司扩大业务规模,开发多种产品,覆盖多种作物和经营主体,从而增加营业收入,降低单位经营成本,分散业务风险,获得规模经济和范围经济双重效应。

**4. 农担体系经营效率不断提高,总体上净资本金放大倍数合适**

全国农担体系建成以来,整体上净资本金放大倍数不断提高,担保的政策效能不断释放。农担作为一种财政金融制度安排,具有经济杠杆的属性,起着引导社会资源配置、保障资金融通和商品流通的作用,对弥补规模化农业经营主体信用资源不足、改善融资环境发挥着不可或缺的重要作用。这种属性直接由农担的放大功能来体现。农担净资产放大倍数的提高,说明采取农担形式使财政资金的支农效果和使用效率得到提升[1]。

---

[1] 但是,对一项政策创新效果的评价,应该从该项政策自身发展的纵向以及与同类政策效果相比的横向两个角度进行分析,"双差分法"是比较合适的分析方法,但这有待于获得足够数量符合条件的数据才能进行。

但是，在努力提高放大倍数的同时，也必须有效防控业务风险。除了农担公司的净资本规模以及财政资金补偿和奖补能力之外，担保放大倍数还受到其他多种因素影响，包括农担公司自身的资金实力、经营管理能力和追偿能力，也包括合作银行的经营管理能力、行为规范性和信贷质量，还包括宏观经济、社会和法律环境是否有利于担保项目的成功，是否有利于遏制恶意违约和代偿后的追偿，以及微观层面被担保项目的风险特征。放大倍数的提高意味着被保农业经营主体的数量将增加，可能由此提高被保经营主体的平均违约概率。因此，尽管《融担监管条例》规定主要为小微企业和农业、农村、农民服务的融资担保公司的净资产放大倍数上限可以高至15倍，但是，在确定实际放大倍数时，也需要从保证农担公司本身和行业稳健发展以及提升担保服务社会效益等方面综合考虑。结合对农担政策性绩效、资产质量和农担公司风控能力的分析，本报告认为目前全国农担体系总体上的净资产放大倍数是合适的。

当然，鉴于各省农担公司的净资产放大倍数差别很大，低于平均水平的农担公司应努力提高。而且，如果从风险防控角度，严格按照相关政策和法规要求，使用在保责任余额计算杠杆系数，那么，农担体系实际的净资产放大倍数将低于各省农担公司上报的数值，从而增加了净资产放大倍数的提升空间。

### 5. 农担体系自我可持续发展能力弱，对财政补贴资金依赖度高

作为市场化运作的政策工具，农担体系既要实现政策目标，又要努力提高自身"造血"能力，实现自身财务上的可持续发展。但是，由于担保费收取标准低，收入来源有限，自我创收能力弱，农担体系的自负盈亏能力不足，对财政补贴资金的依赖度高。

但是，受各级财力限制，财政资金补贴力度难以随着农担

业务规模的扩大而同步加大,这样,在超过财政资金补贴能力范围之后,农担公司将失去不断扩展业务规模的动力。因此,财政补贴能力不足,将成为农担政策效能进一步发挥的"瓶颈"。正如国家农担公司指出的,"农担体系的政策性定位,决定了中央财政补助是其可持续发展、保持支农力度的关键和基础",对农担体系的财政补助是"支持农担公司开展政策性担保业务的根本政策保障,是财政发挥'四两拨千斤'杠杆撬动作用的支点"①。

**6. 农担体系资产质量表现良好,代偿补偿体系和机制有待加强和完善**

从代偿率看,全国农担体系总体上资产质量表现良好,但在农担业务存在"软反担保""弱反担保"、各省农担公司代偿追偿率普遍不高和农担公司内部自我代偿补偿能力有限的情况下,为不断扩大农担政策支农作用和提升农担体系的可持续发展能力,就应尽快加强和完善农担体系代偿补偿体系和机制,增强农担体系再担保的分险与补偿能力。

**7. 核销政策有必要尽快出台,但防患于未然更重要**

全国农担体系成立以来,经过七八年的运作,各省农担公司事实上都有多少不等的代偿损失需要认定与核销,以真实反映农担公司资产质量,改善经营指标。因此,有必要尽快出台符合农担业务特点的呆账核销政策。当然,与核销政策相配套的应该有尽职免责规定,对依法、合规、尽职开展业务所发生的风险和损失,免予追究责任,以免抑制农担员工的工作积极性。

---

① 国家农业信贷担保联盟有限责任公司:《国家农业信贷担保联盟有限责任公司简介》,http://guojianongdan.cn/about/index.html。

由于呆账核销潜藏弊端，核销是风险管理最后不得已而为之的下下策。因此，农担公司要保持资产的高质量，上上策是提高风控能力，关口前移，防患于未然。当然，也应创新追偿机制，提高追偿能力，以"亡羊补牢"，最大限度地减少损失。

**8. 数字化转型是大势所趋，方式应多样**

数字化转型是农担体系可持续发展和高质量发展的必由之路。但是各省级农担公司的数字化转型条件不同，采取的转型路径应有所不同。鉴于各省级农担公司只在本省范围内经营的事实，建立省级统一数字化运营平台是合理的选择。当然，在国家层面需要建立数字化的再担保系统以及对各省级农担公司数字化转型进行指导和支持的能力。

**9. "去担保化"是必然趋势，但农担市场依然广阔**

"去担保化"是担保业务本身特性与经济社会科技发展的必然结果和趋势，也是农担发挥了政策效应的证明，但这并不意味着农担失去存在价值和市场空间。只有正视这种客观存在和必然规律，才能准确把握农担的市场定位和未来发展方向。

由于农业特有的自然和市场风险以及新型农业经营主体自身的特点，对于这类主体的信贷服务仍难以完全摆脱担保。这为农担公司留下了巨大的市场空间。此外，农业第一、第二、第三产业融合发展，农业企业直接融资渠道不断拓宽，也为农担发展提供了新的想象空间。因此，农担公司应定位于服务农业新型经营主体的融资担保需求，这也正是农担政策的初衷和农担公司的使命，体现出农担公司与金融机构的互补性以及农担的价值。

此外，随着农业企业的发展壮大，农业直接融资市场将不断扩大，也将产生大量的担保需求。同时，随着农业生产规模化和农业第一、第二、第三产业融合发展，非融资担保需求也将不断产生，如涉农履约担保、农产品质量担保等。这些都有农担发挥作用的市场空间。

**10. 贴息与担保功能不同，不宜捆绑使用**

贴息与担保的功能是不同的。贴息的目的和功能在于降低借款人的融资成本，解决或缓解贷款贵的问题，是财政对市场主体行为的直接干预，对干预对象的行为和市场秩序影响较大，应谨慎使用。担保的目的和功能主要是通过为借款人增信和分担银行信贷风险来增加借款人的获贷可得性，即主要解决的是贷款难问题。政策性担保是财政干预市场主体的市场化间接行为，有助于弥补市场失灵，促进市场良性发展。如果贴息与担保捆绑使用，有可能降低担保对市场的正向影响，如果长期实施，甚或对市场主体行为造成扭曲，破坏市场秩序。

## （二）启示

**1. 担保行业的风险显现具有一定的滞后性，应保持警觉和有效应对**

担保行业经营的是风险和不确定性，担保代偿损失一般要经过"贷款期+催收期+代偿追偿期"之后才能确认，所以，现实的代偿损失要经过较长时间才可能显现，当期的担保业务数据往往难以充分反映潜在的风险，尤其在担保公司成立初期，业务规模较小，担保代偿有限，累计的代偿损失风险暴露不充分不明显，加之担保行业有收益与风险不匹配的特点，担保行业有"三年不赔，一赔三年"之说。当潜在的代偿损失累积到一定程度，有可能使担保机构快速陷入瘫痪。全国农担体系运行七八年来，尽管追偿代偿率表现为下降趋势，但是剩余应收代偿余额和代偿项目数却呈现逐年递增趋势，说明全国农担体系潜在风险不容忽视，应进行全面"体检"，以及时发现问题，制定应对政策和措施。

### 2. "双控"政策应长期坚持，但应适时适度调整

实践证明，"双控"标准与财政资金对奖补相结合的激励约束机制既有利于农担公司坚持政策目标，也有利于其控制业务风险，应该长期坚持。但是，"双控"政策也应适时适度进行差异化调整，以鼓励对农业农村经济发展贡献更大的农担公司。

首先，"双控"标准和奖补力度应根据未来农业农村经济形势变化、国家政策导向以及各级财政状况进行调整。其次，中央财政对农业大省、农业大县奖补的系数应适当提高，以反映其对国家粮食安全和农业农村现代化的贡献。最后，"双控"业务比例对不同业务规模农担公司应有不同要求，可根据业务规模大小分若干档次，规模越大，档次越高；随档次提高，比例要求适度降低；但奖补依然按照实际发生的"双控"业务给予，而且政策性业务比例应有下限。在这样的安排下，实力强、业务规模大的农担公司就有可能在完成政策性任务后，利用剩余担保能力，开拓市场化程度更高的担保业务，增加市场化收入来源，提高农担公司的可持续发展能力。当然，政策性以外的业务也应在农业农村经济范围内，不应脱离农担"姓农、为农"的主责主业。

### 3. 保证财政资金补贴和代偿补偿力度，稳定农担公司预期和运营

在农担服务收费不能市场化定价、农担公司运营和发展对财政补贴和代偿补偿资金严重依赖的情况下，长期稳定的财政补贴和代偿补偿资金预算以及资金及时足额拨付到位，已成为农担公司持续开展业务、维持员工队伍工作激励的重要影响因素。即使农担公司未来走业务多元化的发展之路，财政资金适当奖补和补偿仍将是农担公司坚守政策性定位、不断拓展政策

性业务的重要激励措施。所以,财政预算中不仅应明确农担财政费用补贴和代偿补偿资金投入量,还应规定投入逐年变动的计算方法,同时,因农担公司的非营利性质,对其上缴的税费应以全额返还的形式增加其资本金,从而不断提高农担体系的担保能力[①]。

**4. 在农业农村经济范围内进行业务多元化试点,增加农担收入来源**

因为财政资金奖补能力不可能与担保业务规模同步提高,所以要提高农担公司自身的可持续发展能力,就需要提高其创收能力。而要提高创收能力,在因坚持政策性而不能提高担保费率的情况下,可能就需要拓宽农担公司的其他收入来源。借鉴中国其他政策性担保机构的成功发展经验[②],未来农担政策可以考虑允许符合一定条件的农担公司开展业务多元化试点,在农业农村经济范围内,探索增加业务品种,纵向向农业直接融资担保等领域发展[③],横向向农业非融资担保领域发展,如涉农履约担保、农产品质量担保等。对新业务应尽可能采用市场化

---

[①] 参见刘志荣《农业信贷担保服务体系建设的模式、困境及发展选择》,《江淮论坛》2016年第3期。

[②] 例如,中国投融资担保股份有限公司(成立于1993年,以下简称"中投保")与深圳担保集团有限公司(成立于1999年,以下简称"深圳担保集团")最初都是从事中小企业信用担保的政策性担保机构,目前中投保已将业务拓展到跨货币市场、股票市场、债券市场,深圳担保集团的业务也拓展到创业投资、商业保理、资产管理、融资租赁、股权投资和典当等行业。

[③] 农担的本义是农业信贷担保,有的省在其农担公司成立时名之为"农业信贷担保"公司,但是后来改为"农业融资担保"公司,有的省则在其农担公司成立时直接名为"农业融资担保"公司。融资概念的外延大于信贷,包括信贷之外的其他融资方式。可见,这些省的农担公司在成立之初就已经为开展信贷担保之外的其他融资担保业务留下了空间。

运营方式，坚持保本微利原则，提高自负盈亏能力，降低对财政奖补资金的依赖。

但是，对业务品种多样化应设底线，至少有两条：一是不能降低农担公司政策性担保能力和业务规模，二是避免"非农化""泛农化"，保持专注性，不然就有违背农担政策初衷、使农担政策目标落空的可能。

### 5. 调整绩效考核指标体系，兼顾农担政策性与可持续发展能力

农担业务兼具政策性目标和可持续发展要求，因此，农担业务绩效考核指标体系也应包含这两方面的指标。但是，在现行国家农担业务绩效考核指标体系中，可有效衡量可持续发展能力的指标相对不足。在可持续发展能力指标中，缺少反映自负盈亏能力的指标。如果引入自负盈亏率，可以不使用本报告的指标计算方法，而是根据现行农担会计制度，将财政奖补收入也作为农担公司的自营收入，这样可以反映农担业务政策性，也可以反映在财政资金支持下，农担公司的可持续发展能力。但是，如果农担公司能够自测对财政奖补资金的依赖度，则可以对自己的市场化可持续发展能力有更清醒的认识。

在政策性绩效指标方面，应重视对增加量的考核。首贷户指标可以保留，但是应该更加重视保留客户因农担而得到的贷款增量，包括有贷款增量的客户数和增加额。因此，可以考虑设计保留客户的贷款增量指标。

对于放大倍数，借鉴国际劳工组织的方法，设计杠杆系数与放大系数两个指标，计算公式为：

（1）杠杆系数＝在保责任余额/平均净资产

（2）担保风险比例＝在保责任余额/客户得到的全部贷款余额

(3) 放大系数＝杠杆系数/担保风险比例

＝（在保责任余额/平均净资产）/

（在保责任余额/客户得到的全部贷款余额）

＝客户得到的全部贷款余额/平均净资产

分开使用杠杆系数和放大系数两个指标，可以分别衡量农担公司的经营风险和财政资金使用效率，既可以对照监管要求，进行审慎监管，有利于农担体系可持续发展；又可以反映农担的政策性绩效。

毕业率在理论上是能够反映农担业务政策性绩效的指标，但是，在实践中难以找到有效办法对毕业量进行准确统计，需要合作银行的密切配合，才可能找到解决办法。

如果国家出台农担代偿呆账核销办法，那么，代偿呆账核销比率可以成为考核指标，但应是减分项，以平衡因呆账核销而改善的业务经营指标表现。

**6. 坚持与银行分险，降低农担风险并提高财政资金使用效率**

中国融资担保行业发展的教训之一是担保机构曾普遍承担了全部信贷违约风险且银行未降低贷款利率，而成功的经验之一是担保机构与银行合理分担风险[①]。现在农担体系普遍与银行按 8∶2 比例分担风险，有的农担公司对部分产品甚至可以做到与银行 6∶4 分险，并且在一定程度上降低了贷款利率，这对农担公司分散风险、提高运行质量和降低担保客户融资贵问题都发挥了积极的促进作用。同时，农担公司承担的风险比例越低，越能够利用有限的财政资金撬动更多的银行贷款，提高财政资金使用效率。农担体系与金融机构分担风险局面的形成，既有

---

① 中国融资担保业协会编著：《中国融资担保业发展报告（1993—2014）》，中国金融出版社 2015 年版，第 153、156 页。

中国农村金融市场竞争程度提高和乡村振兴政策推动的原因，也是各级政府支持和全国农担体系上下共同努力的结果，来之不易，应继续保持。

### 7. 立足各省，持续推进农担体系数字化转型

全国农担体系的数字化转型应首先立足于各省级农担公司的数字化转型。部分省级农担公司在业务发展过程中，逐渐积累了大量客户信用信息，成为自己掌握的数据资源，为采用大数据风控方式创造了条件。但是，在国家大数据治理体制机制不断完善的过程中，那些尚未开展数字化转型或处于初步阶段的省级农担公司不一定有机会建立自己的数字化客户信用信息库。这样的省级农担公司必然要从各种渠道获得需要利用的大数据。

大数据的意义在于能够得到有效利用才有价值，所以，只要有可以便利而稳定地获取必要数据的渠道，农担公司不一定必须建立自己的数据库，只求利用，不求拥有，这样也就可以大幅减少不必要的人力、物力、财力投入，"轻资产"地完成数字化转型。

由于农担公司是政府投资设立的专业化非营利企业，应该比银行等其他商业化机构更有条件获得政府部门掌管的信用信息，并在此基础上建立自己的大数据风控模型和风控能力，为金融机构提供客户风险评价和担保服务。

国家农担公司在提供统一的数字化转型指导意见的基础上，可以搭建各省级农担公司之间经验交流的平台，以先进带后进，推动全国农担体系风控能力和经营管理效率的提升。

### 8. 同业竞争应适度，政策上应公平对待

融担体系进入农村融资担保市场，给农担体系带来竞争压力。这种压力有利于提高农担体系的经营管理效率和服务质量。

但是，因为两者都是政策性担保机构，应各有侧重与分工，发挥各自专长，功能互补，互相支持，共同努力，提高对金融机构的谈判地位和话语权。二者应避免恶性竞争，尤其是要避免出现以承担全部信贷违约风险来抢占对方市场的做法，这样可能两败俱伤。对此，在政策层面应有明确规范，在激励约束措施上，对各类从事农业信贷担保的企业都应公平对待，避免产生歧视性后果。

**9. 去担保化映射出担保发展悖论，担保机构需要不断开拓新的市场空间**

担保机构做得越好，越能促进信贷交易双方的信任，越能导致去担保化，也就越让担保机构失去既有的市场空间，从而形成担保发展悖论。在这种情况下，一方面，担保机构的市场空间将随着金融机构无法完全覆盖的信贷风险敞口的移动而移动；另一方面，市场主体不是一成不变的，新主体的进入总会带来新的信息不对称，只要金融机构存在分险的需求，就有担保机构的市场空间。所以，担保机构必须不断面对新客户，不断促进社会信任关系的建立。这是担保机构的难处，也是其对社会的贡献。

**10. 各级政府的支持是农担业务发展的重要保障**

在新发展阶段，解决好"三农"问题是全党工作的重中之重，实现农业农村现代化是全面建设社会主义现代化国家的重大任务，而保障粮食等重要农产品供给安全是"三农"工作头等大事。在农担发展过程中，各级政府都给予了积极支持，发挥了重要作用。未来农担的高质量发展也离不开各级政府在各方面的坚定和有力的支持。

# 案 例 报 告

# 七 黑龙江省农业融资担保有限责任公司

黑龙江省农业融资担保有限责任公司(原名为黑龙江省农业信贷担保公司,2019年12月更改为现名,以下简称"龙江农担")于2015年12月正式成立,是财政部和农业部《关于调整完善农业三项补贴政策的指导意见》(财农〔2015〕31号)以及财政部、农业部和银监会《关于财政支持建设农业信贷担保体系的指导意见》(财农〔2015〕121号)两项文件印发之后成立的中国首家省级政策性农业信贷担保公司,是国有独资的省属一级企业法人管理单位,也是国家农业信贷担保联盟有限责任公司第一大地方股东。

龙江农担成立以来,在保余额、新增担保额、累计担保额均居全国前列,通过为农业经营主体增信、为金融机构分险,在银行和农业经营主体之间架起桥梁,引导金融活水持续流向农业农村,为乡村产业振兴赋能。

## (一) 公司基本情况

### 1. 宗旨、目标与战略定位

按照财农〔2015〕121号文件要求,龙江农担坚持政策性、专业性和独立性,不以营利为目的,专注于支持粮食生产经营和现代农业发展,为农业尤其是粮食适度规模经营的新型经营主体提供信贷担保服务,切实解决农业发展中的"融资难""融资贵"问题,支持新型经营主体做大做强,促进粮食稳定发展和现代农业建设。

龙江农担始终坚持政策性农业担保机构本色,坚持"政府得民心、农民得实惠、机构得发展"的公司核心价值观,发扬"尊重、专注、定力、卓越"的企业精神,以"受益、分险、主导、主责"的合作理念与合作伙伴一道助力农业供给侧结构性改革,致力于实现服务优质、团队专业、管理科学、风险可控、普惠"三农"的发展愿景。

**2. 股权与组织结构**

龙江农担作为国有独资企业,黑龙江省财政厅出资62.3亿元人民币,持有龙江农担100%股权。根据图1可知,龙江农担设有党委、股东会、监事会、董事会、经营管理层等。董事会内部设立了担保业务评审委员会、投资决策委员会、风险管理委员会、薪酬管理委员会、战略发展委员会和信息化建设领导小组。董事会同时直接管理下属子公司——黑龙江省朝阳农业信息服务有限公司。

在经营管理层,龙江农担设置了集中采购管理领导小组、律所选聘工作领导小组,同时下设担保业务部门、风险管理部门、人力资源部门、机构合作部门、信息管理部门、审计监察部门、资产保全部门、综合管理部门。龙江农担在地市设立了5家二级分公司,在县域设立了32家三级分支机构。

**3. 业务网络**

(1)网点数量及分布。龙江农担成立以来,快速铺设业务网点。2016年9月,黑龙江省政府印发了《黑龙江省农业信贷担保体系建设实施方案》(以下简称《龙江农担体系建设方案》),要求龙江农担于3年内在粮食主产区和农业大县建成

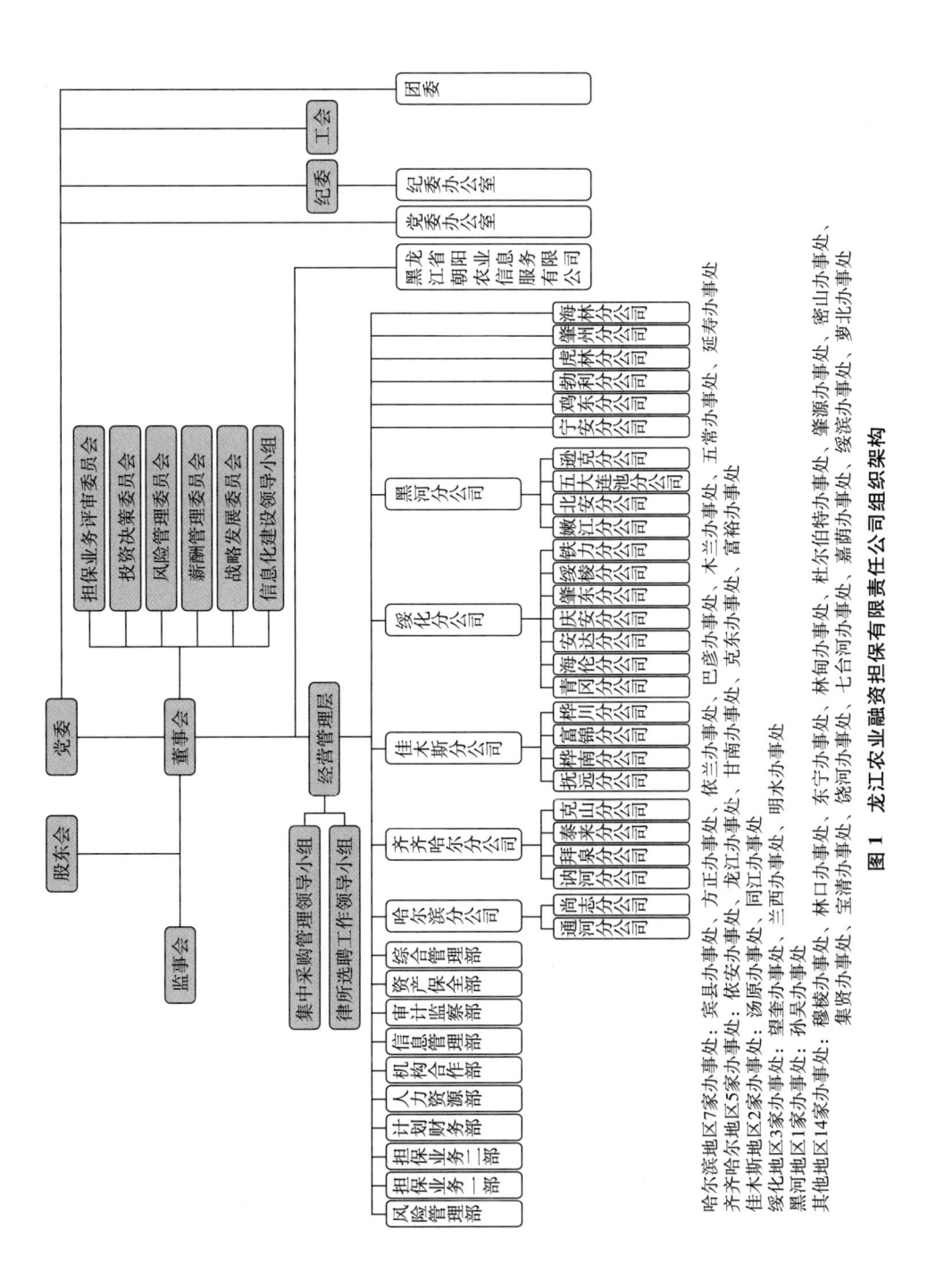

图1 龙江农业融资担保有限责任公司组织架构

哈尔滨地区7家办事处：宾县办事处、方正办事处、木兰办事处、依兰办事处、延寿办事处
齐齐哈尔地区5家办事处：依安办事处、龙江办事处、克东办事处、富裕办事处
佳木斯地区3家办事处：汤原办事处、甘南办事处、同江办事处、明水办事处
绥化地区2家办事处：望奎办事处
黑河地区1家办事处：孙吴办事处
其他地区14家办事处：穆棱办事处、东宁办事处、林甸办事处、杜尔伯特办事处、肇源办事处、绥棱办事处、萝北办事处
集贤办事处、宝清办事处、饶河办事处、七台河办事处、嘉荫办事处、绥滨办事处、密山办事处

覆盖全省的农业信贷担保体系。如图2所示，2016年，龙江农担开始逐步在省内各地建立分支机构。到2017年就建立起5家地市级分公司和6家县级分支机构。此后每年县级分支机构都持续增加，2019年县级分支机构数量达到27家，基本完成了《龙江农担体系建设方案》的工作目标，并在全国率先完成体系建设任务。至2021年7月，龙江农担县级分支机构达到63家，农业大县覆盖率为80.95%，业务覆盖率为97.14%。

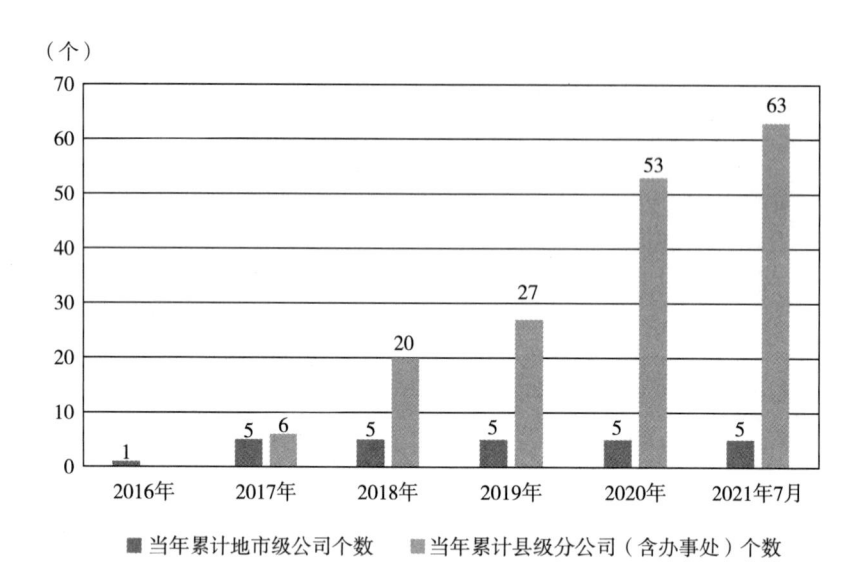

图2 龙江农担分支机构数量统计

（2）合作银行数量与类别。龙江农担合作银行种类多样，既包括国有商业银行、全国股份制商业银行，也包括地方性金融机构。

第一，龙江农担以总对总协议为指引，开展省公司与省分行合作。龙江农担以国家农业信贷担保联盟有限公司（以下简称"国家农担"）与银行总行签署的总对总战略合作协议为合作指引，与各银行机构黑龙江省分行签订合作协议。截至2021年7月末，龙江农担已与中国工商银行黑龙江省分行、中国农业银行黑龙江省分行、中国银行黑龙江省分行、中国建设银行黑龙江省分行、交通银行黑龙江省分行、中国邮政储蓄银行黑龙江省分行、中国农业发展银行黑龙江省分行、龙江银行、哈尔滨银行、黑龙江省农村信用社联合社、兴业银行哈尔滨分行、华夏银行哈尔滨分行12家银行建立了业务合作关系，总授信额度1628亿元，最低优惠利率为3.85%。

第二，龙江农担与村镇银行合作。截至2021年7月，龙江农担已与讷河融兴村镇银行、拜泉融兴村镇银行、依安润生村镇银行、克山润生村镇银行、兰西农商村镇银行、安达幸福村镇银行、肇东中银富登村镇银行、桦南融兴村镇银行、富锦幸福村镇银行、嫩江幸福村镇银行10家村镇银行合作。

## （二）业务模式

### 1. 获客与业务审核方式

龙江农担业务模式主要是逐笔担保和批量担保（龙江农担称为"集合担保"）。在逐笔担保业务中，龙江农担与银行遵循各自业务流程，单独审核。龙江农担对每笔业务均出具担保函。在集合业务，即龙江农担与银行签订协议，在限制代偿率前提下，龙江农担认可银行审核结果，见贷即保，最终由农担公司以批量集合方式统一担保。

### 2. 放大比例

一般来说，担保放大倍数越大，担保机构对社会的贡献越大，但同时担保机构所要承担的风险也越高。

2016—2019年，龙江农担担保放大倍数从1.03下降到0.99，到2020年跃升至2.53，至2021年7月达到3.62，这是因为2019年之前在有序退出大额担保项目的同时，组织框架还未搭建成熟，在保余额规模较小。2019年后，大额担保项目退出放缓,同时通过金融数字化科技服务、创新开发特色农业担保产品、深入各县域基层、发展"政府+银行+担保"合作模式等手段,全力服务贷款需求 10 万—300 万元的种植大户和小微农业企业、合作社等,使政策性业务规模快速扩大。

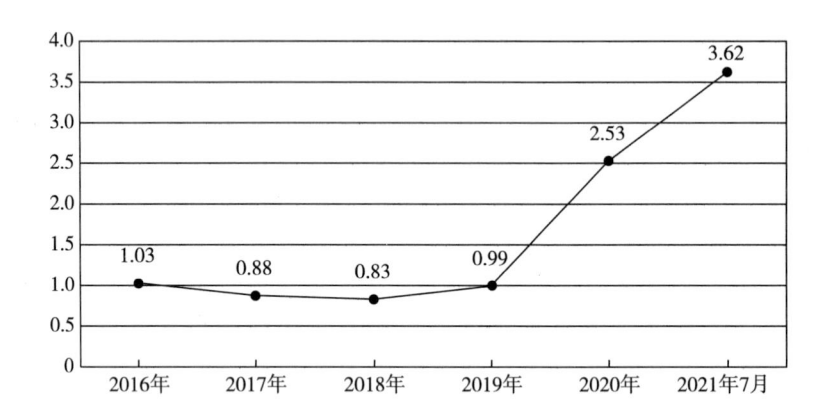

**图 3　2016—2021 年 7 月龙江农担担保放大倍数走趋**

### 3. 分险比例

龙江农担与区域内地方金融机构签订总对总协议,确定双方风险分担比例和授信额度。从现有资料看,若发生风险,龙江农担承担风险的比例为 80%—90%,银行承担 10%—20% 的风险。

表 1　龙江农担与合作银行分险比例

| 总对总合作银行 | 风险分担比例 | 授信额 |
| --- | --- | --- |
| 兴业银行哈尔滨分行 | 90%农担—10%银行 | 10 亿元 |
| 华夏银行哈尔滨分行 | 90%农担—10%银行 | 10 亿元 |
| 邮储银行黑龙江分行 | 80%农担—20%银行 | 15 亿元 |
| 建设银行黑龙江分行 | 90%农担—10%银行 | 14 亿元 |
| 哈尔滨银行 | 90%农担—10%银行 | 50 亿元(公司条线 25 亿元,单户不超过 1 亿元;小企业信贷 10 亿元,单户不超过 1000 万元;惠农条线 15 亿元,单户不超 500 万元) |

续表

| 总对总合作银行 | 风险分担比例 | 授信额 |
| --- | --- | --- |
| 农业发展银行黑龙江分行 | 80%农担—20%银行 | 农担净资产总额的5倍（新型农业经营主体；农业农村基础设施建设；农村三产融合发展） |
| 中国银行黑龙江分行 | 90%农担—10%银行 | 5亿元（其中1080万元为稳企稳岗担保额度） |
| 龙江银行 | 90%农担—10%银行 | |
| 工商银行黑龙江分行 | 90%农担—10%银行 | 50亿元 |
| 交通银行黑龙江分行 | 90%农担—10%银行 | 120亿元 |
| 黑龙江省联社 | 90%农担—10%银行 | 农担净资产的10倍 |
| 农业银行黑龙江分行 | 涉农营收500万元以上大中型法人客户，90%农担—10%银行；500万以下，80%农担—20%银行 | 50万元 |

**4. 内部风控**

除了与银行分担风险之外，龙江农担积极创新内部风控制度。第一，建立有效的风险内控组织机构。在议事机构上，设立担保业务评审委员会、风险管理委员会；在部门设置上，设立风险管理部、资产保全部、审计监察部。第二，对客户信用进行判定和风险评估。通过对借款主体进行征信查询，并通过"反欺诈"系统等数字化手段查询客户信用状况，防范外部风险，有效规避潜在隐患项目。第三，依托市县分支机构对不同地域客户进行风险识别，本着"当地人办当地事"的原则，利用地理位置优势，解决信息不对称的问题。第四，在业务流程中，坚持各类型涉农经营主体严格执行"双控"额度标准，对中长期担保业务加强保后监管、风险缓释、代偿前催收和逾期追收工作。

**5. 收入来源**

龙江农担信贷担保收入主要由保费收入、理财与利息收入以及财政补贴收入构成，2016—2020年，黑龙江农担年度收入总额从1.4亿元增长至5.0亿元,年均增速38.6%,呈较快增长态势。从整体上看,除理财收入外,其他各部分收入均呈逐年增长的趋势。其中,保费收入从0.4亿元增长至0.9亿元,年均增速达28.1%。虽然增速较高,但保费收入占总收入的比重较低,原因主要在于龙江农担作为政策性担保机构,为了缓解客户融资贵问题,不断压降担保费率。2018年,龙江农担年平均担保费率稳定在1.3%,客户平均融资成本始终稳定在6.5%左右;2020年,平均担保费率降至0.42%。龙江农担的营业收入主要是财政奖补收入,2021年这一收入达到2.45亿元。

## (三) 政策性绩效

### 1. 业务规模进展

(1) 总体担保余额与担保户数。担保余额与担保户数持续增长,保持上升趋势。从2016年龙江农担成立至2021年7月的历年整体担保数据来看,无论是在保户数还是担保额度都处于每年递增的趋势,其间可以大体分为两个阶段。

第一阶段从2016—2019年,龙江农业担保业务处于平稳增长阶段。具体来看,从2016年到2019年,龙江农担年度在保余额从36.8亿元增长至68.1亿元,年均增速22.8%;年度新增担保额从36.8亿元增长至56.9亿元,年均增长15.6%;在保户数由1112户增长至16968户,年均新增户数增速达148.03%。

第二阶段从2019—2021年7月,龙江农担业务规模开始飞速增长。具体来看,2019—2020年,年度在保余额从68.1亿元跃增至169.7亿元,年均增速达149.2%,2021年7月,在保余额再度增至236.0亿元,年度新增担保余额从56.9亿元增至208.1亿元,在保户数从16968户迅速增加至110165户。其中,2020年,政策性业务当年在保余额从2019年的37.2亿元跃增至125.6亿元,再到2021年7月将近200亿元。2020年年末龙江农担首次圆满完成"双控"绩效考核目标，新增担保占比达到79.4%，在保余额占比达到74.0%。

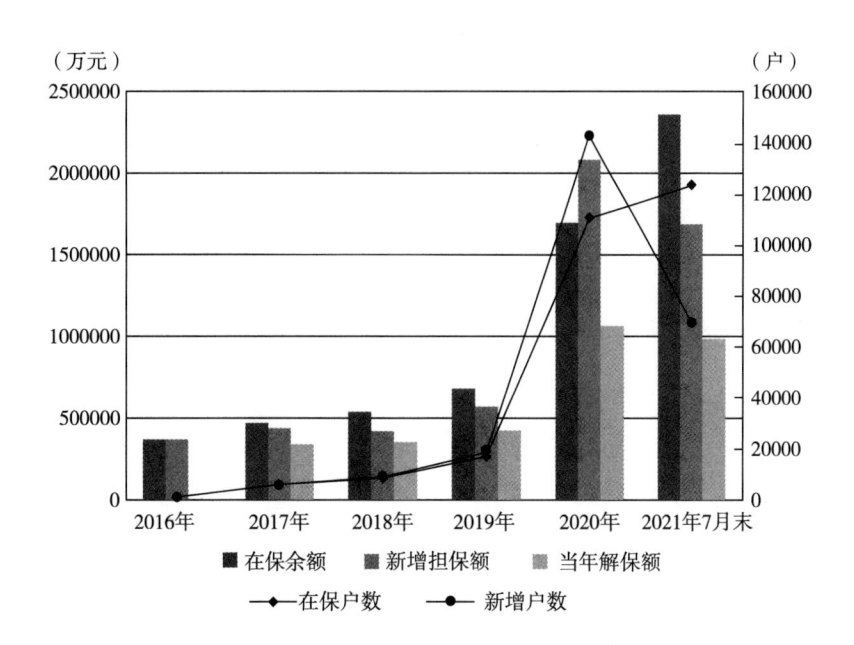

**图4　龙江农担历年在保余额与在保户数统计**

注：新增担保额和新增户数数据截至2021年8月。

（2）政策性业务规模。按照2017年财政部、农业部、银监会印发的《关于做好全国农业信贷担保工作的通知》，龙江农担确立了"发展、调整、巩固、提高"的基调，开始贯彻执行"双控"要求。

一方面，龙江农担严格界定政策性业务标准，坚持农业担保体系的政策性定位，控制业务范围和担保额度。2016—2020年，政策性业务当年在保额从2.6亿元增长至125.6亿元，年均增速高达164.4%。到2021年7月，当年在保户数从最初的1027户增长至81396户，政策性业务规模占比从不足7%跃升至84.4%。

另一方面，政策外业务即"双控"外业务规模得到管制，龙江农担坚持"非农新业务不开展,'双控'外业务谨慎开展"的原则,对跨行业、混业经营的龙头企业加大风险识别。2016年到2021年7月,"双控"外业务在保占比从93.0%下降到15.7%,其中尤其是单体额度1000万元以上的项目持续退出,从32.4亿元下降至9.2亿元。

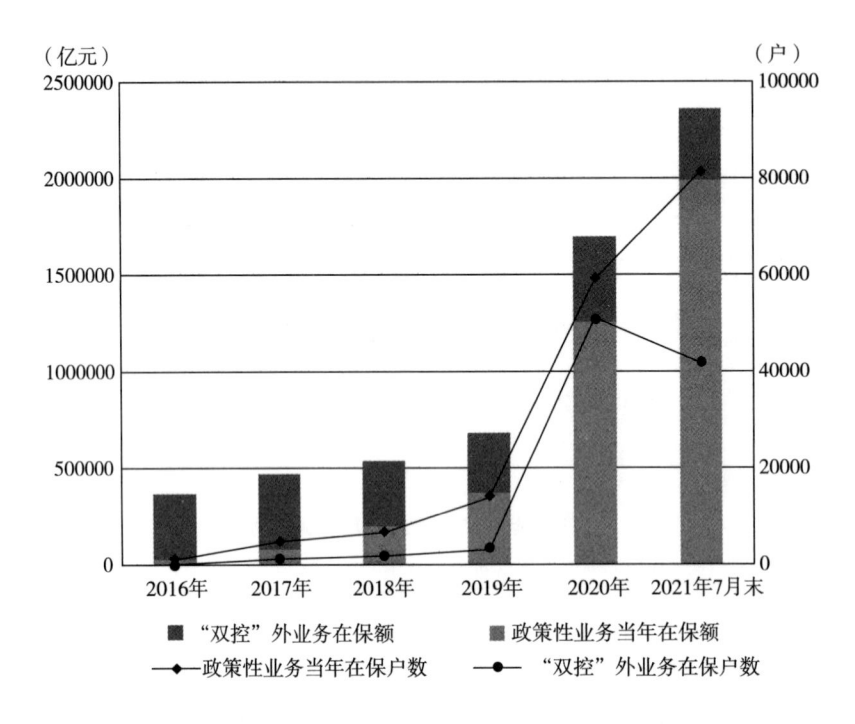

**图5 龙江农担历年在保金额与在保户数(按"双控"标准划分)**

### 2. 政策精准性

按照国家农担政策的要求,龙江农担业务的政策精准性不断提高。

(1)按合同金额划分。龙江农担信贷担保规模按照合同金额划分为10万元以下、10万—300万元、300万—1000万元以及1000万元以上四个档次。其中,2016—2021年7月,10万—300万元的政策内担保业务在保金额逐年增加,政策内担保业务占比从6.98%上升至84.31%。政策外业务中,1000万元以上大额存量项目逐年退出；10万—300万元区间的业务担保额逐年上涨，年均增速达239.44%①。

表2　　　　龙江农担信贷担保业务结构：按合同金额细分　　　单位：万元

| 时间 | 10万元以下 | | 10万—300万元 | | 300万—1000万元 | | 1000万以上 | |
|---|---|---|---|---|---|---|---|---|
| | 在保金额 | 在保户数 | 在保金额 | 在保户数 | 在保金额 | 在保户数 | 在保金额 | 在保户数 |
| 2016年 | 0 | 0 | 25687 | 1027 | 18290 | 41 | 324000 | 44 |
| 2017年 | 6791 | 987 | 79231 | 4724 | 86844 | 122 | 297161 | 93 |
| 2018年 | 10772 | 1464 | 197720 | 6639 | 118824 | 193 | 209417 | 81 |
| 2019年 | 16199 | 2770 | 371943 | 13903 | 134659 | 227 | 157956 | 68 |
| 2020年 | 236059 | 50920 | 1254637 | 59026 | 103841 | 180 | 102084 | 39 |
| 2021年7月 | 188585 | 41464 | 1989216 | 81394 | 89800 | 162 | 91732 | 34 |

（2）按行业划分。从行业细分来看，龙江农业担保业务服务范围主要限定在粮食生产、畜牧水产养殖、农林优势特色产业，农资、农机、农技等农业社会化服务，农田基础设施，以及与农业直接相关的第一、第二、第三产业融合发展项目，家庭休闲农业、观光农业等农业新业态等。

具体来看，2016—2021年7月，第一产业当年在保余额从6.2亿元猛增至210.5亿元，占总担保额比重从17.0%跃升至89.2%，在保户数从1112户增至128054户，其中粮食种植业在保余额从4.6亿元上涨到195.5亿元，占当年担保总额比重从12.5%上升到82.85%，占据绝对主导地位。与之形成显著对比

---

① 这里主要是龙江农担为创业担保对象的12类人群所开发的"小额创业担"业务。这12类人群包括：城镇登记失业人员、就业困难人员（含残疾人）、复员转业退役军人、刑满释放人员、高校在校生、高校毕业生（含大学生村干部和留学回国学生）、化解过剩产能企业职工和失业人员、返乡创业农民工、网络商户、建档立卡贫困人口、农村自主创业农民、公益二类和从事生产经营活动事业单位的离岗创业人员。

的是，农田建设、农产品流通和农产品初加工等农业第二产业在保余额从 30.5 亿元下降至 19.6 亿元，占总担保额比重从 83.0% 也逐年下跌至 8.3%。农业社会化服务和农业新业态等第三产业在保余额虽然有所增长，但占总担保额比重较低。

表 3　2016 年至 2021 年 7 月龙江农担年度在保金额：按担保行业划分

单位：百万元

| 时间 | 粮食种植业 | 特色种植业 | 畜牧业 | 渔业 | 农田建设 | 农业社会化服务 | 农产品流通 | 农产品初加工 | 农业新业态 |
|---|---|---|---|---|---|---|---|---|---|
| 2016 年 | 460 | 20 | 146 | 0 | 0 | 0 | 1670 | 1384 | 0 |
| 2017 年 | 2585 | 20 | 398 | 0 | 0 | 160 | 493 | 1045 | 0 |
| 2018 年 | 2017 | 1365 | 481 | 0 | 0 | 279 | 1197 | 0 | 29 |
| 2019 年 | 3441 | 1234 | 403 | 0 | 0 | 450 | 1279 | 0 | 0 |
| 2020 年 | 12691 | 1048 | 626 | 7 | 0 | 644 | 1226 | 725 | 0 |
| 2021 年 7 月 | 19549 | 957 | 539 | 8 | 3 | 581 | 1307 | 650 | 1 |

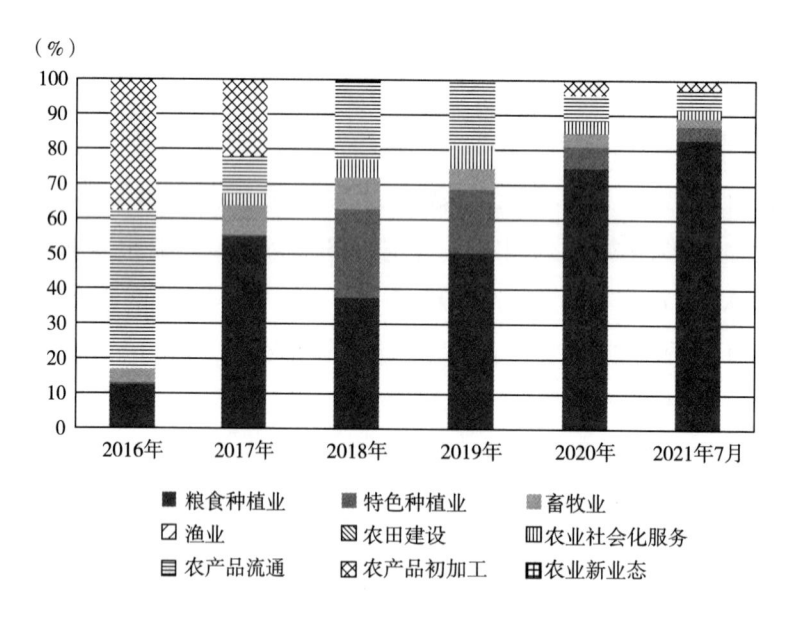

图 6　龙江农担在保余额行业结构

表4　2016年至2021年7月龙江农担年度在保户数：按担保行业划分

单位：户

| 时间 | 粮食种植业 | 特色种植业 | 畜牧业 | 渔业 | 农田建设 | 农业社会化服务 | 农产品流通 | 农产品初加工 | 农业新业态 | 合计 |
|---|---|---|---|---|---|---|---|---|---|---|
| 2016年 | 1067 | 1 | 3 | 0 | 0 | 0 | 17 | 24 | 0 | 1112 |
| 2017年 | 4863 | 1 | 26 | 0 | 0 | 1 | 14 | 25 | 0 | 4930 |
| 2018年 | 6956 | 271 | 49 | 0 | 0 | 901 | 188 | 0 | 12 | 8377 |
| 2019年 | 13624 | 591 | 106 | 0 | 0 | 2333 | 314 | 0 | 0 | 16968 |
| 2020年 | 104266 | 311 | 1205 | 4 | 0 | 3621 | 560 | 198 | 0 | 110165 |
| 2021年7月 | 117305 | 346 | 1204 | 4 | 2 | 3373 | 5655 | 164 | 1 | 128054 |

龙江农担在保余额行业结构的形成主要有两方面的原因。一方面，黑龙江作为产粮大省和全国粮食主产区之一，在保障国家粮食产量安全方面具有战略性地位。粮食种植业的在保余额占比处于绝对高位，不但符合国家农业信贷担保政策的要求，也反映出龙江农担为国家粮食安全做出的重要贡献。另一方面，虽然龙江农担在农产品流通、农产品初加工和农资、农机、农技等农业社会化服务领域扩大了担保业务，但农业社会化服务领域需要的资金规模大，而受制于担保受"双控"要求，造成社会化服务领域担保规模占比较低。

（3）按期限划分。从担保期限来看，龙江农担在保金额可以分为在保6个月以下、在保6—12个月、在保12—36个月和在保36个月以上四个档次。从总体来看，在保6—12个月的短期担保业务是总担保业务的主体，占总担保规模比重从2016年的93.3%下降到2017年的40.8%，但后续持续回升至92.7%。与之呈相反变动方向的是在保12—36个月及36个月以上的中长期担保项目，从2016年分别占总担保额的6.4%和0.5%，跃升至2017年的33.3%和25.9%，后重新下降至3.8%和3.4%。一般情况下，担保期限的延长能够更好地满足农业经营主体的融资需求。

表5　2016年至2021年7月龙江农担年度在保金额：按贷款期限划分

单位：万元

| 时间 | 在保6个月以下金额 | | 在保6—12个月金额 | | 在保12—36个月金额 | | 在保36个月以上金额 | |
|---|---|---|---|---|---|---|---|---|
| | 在保金额 | 在保户数 | 在保金额 | 在保户数 | 在保金额 | 在保户数 | 在保金额 | 在保户数 |
| 2016年 | 0 | 0 | 342607 | 1106 | 23370 | 5 | 2000 | 1 |
| 2017年 | 0 | 0 | 191716 | 442 | 156412 | 4369 | 121899 | 119 |
| 2018年 | 507 | 12 | 337271 | 7333 | 79157 | 902 | 119798 | 130 |
| 2019年 | 1691 | 15 | 473708 | 14386 | 99601 | 2412 | 105757 | 155 |
| 2020年 | 1769 | 10 | 1470856 | 105199 | 136094 | 4802 | 87903 | 154 |
| 2021年7月 | 1460 | 3 | 2187858 | 119398 | 90164 | 3499 | 79851 | 154 |

### 3. 客户综合融资成本降低程度

担保业务的平均综合融资成本由平均贷款利率和平均担保费率组成。因缺少连续数据，仅用2016年和2020年数据说明融资成本变动趋势。2016—2020年平均贷款利率和龙江农担的平均担保费率均呈现下降趋势，平均贷款利率由6.92%下降至5.08%，平均担保费率由1.59%下降至0.42%，平均综合融资成本由8.51%下降至5.50%。融资成本明显降低。

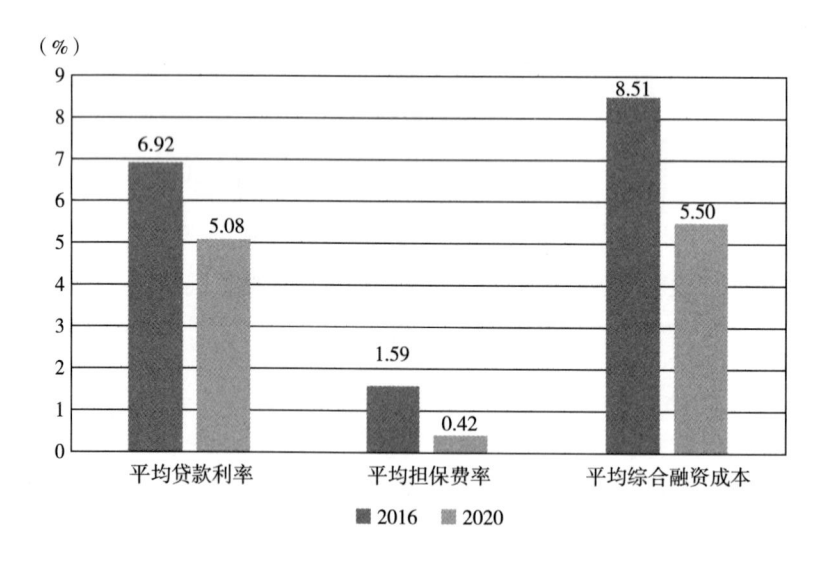

图7　2016年、2020年龙江农担融资成本

## （四）可持续性绩效

**1. 业务质量**

（1）代偿率。从代偿率来看，龙江农担的代偿率总体符合国家的要求，即低于3%的红线。从图8可以看到，2018年龙江农担的代偿率为3.71%，其主要是由于2018年当年代偿金额较高所导致，2018年代偿金额为1.31亿元。考虑到2018年龙江农担是第一年发生代偿，代偿额高主要是农担成立初期一些非政策性大额担保的风险暴露所导致，2018年之后代偿率全部符合国家农担的考核要求，可以看出龙江农担在代偿率控制方面表现较好。

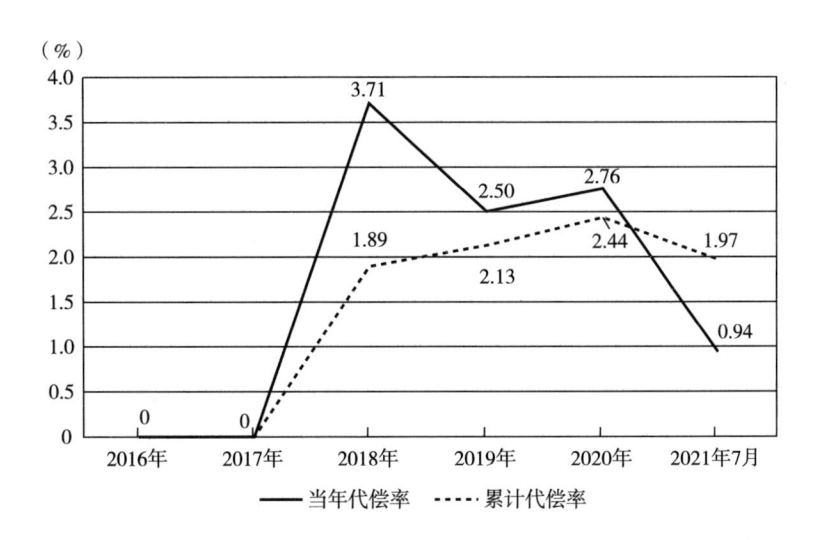

**图8　2016年至2021年7月龙江农担的代偿率情况**

（2）追偿率。在追偿方面，总体来看，从2018年龙江农担发生首笔代偿开始，龙江农担积极落实国家农担的政策要求，累计追偿率保持逐年上升的趋势，截至2021年7月，龙江农担的累计追偿率达3.28%。

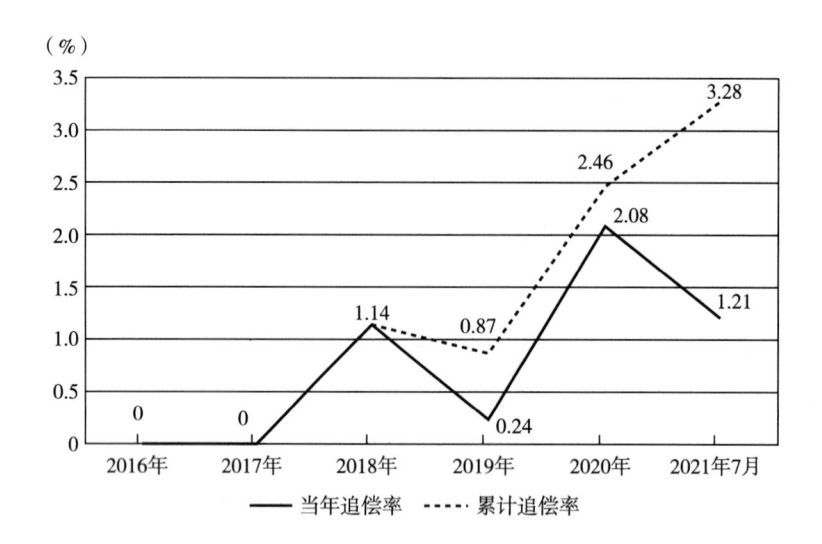

图 9 龙江农担 2016 年至 2021 年 7 月追偿率情况

## 2. 国有资产保值增值率

2016—2020 年龙江农担的国有资本保值增值率均高于 100%，基本保持在 101% 左右。对于政策性农业信贷担保公司而言，要保持国有资产保值增值并非易事。未来龙江农担在不断扩大规模的同时，还需进一步提升自身经营能力，保证国有资产的保值增值。

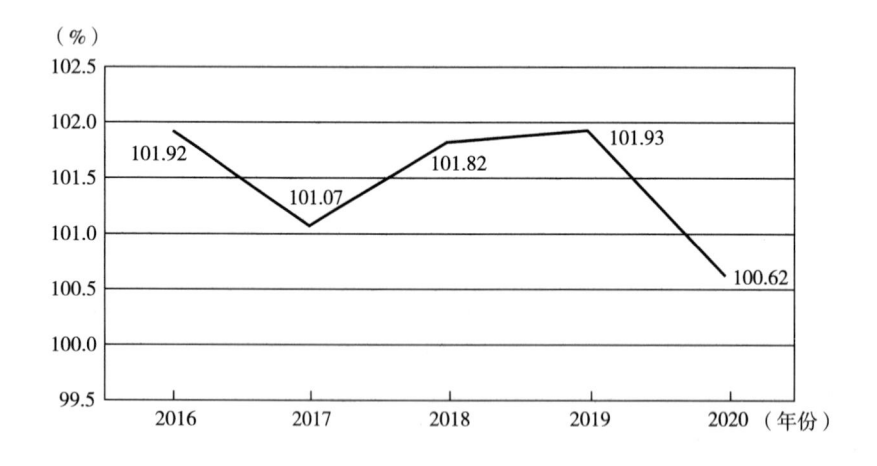

图 10 龙江农担 2016—2020 年国有资本保值情况

**3. 财政资金使用效率**

（1）在保放大倍数。2016—2019年，龙江农担担保放大倍数从1.03下降到0.99，到2020年跃升至2.53，至2021年7月达到3.62，这是因为2019年之前在有序退出大额担保项目的同时，组织框架还未搭建成熟，在保余额规模较小。2019年后，大额担保项目退出放缓，同时通过金融数字化科技服务、创新开发特色农业担保产品、深入各县域基层等手段全力服务贷款需求10万—300万元的种植大户和小微农业企业、合作社等，使政策性业务规模快速扩大。

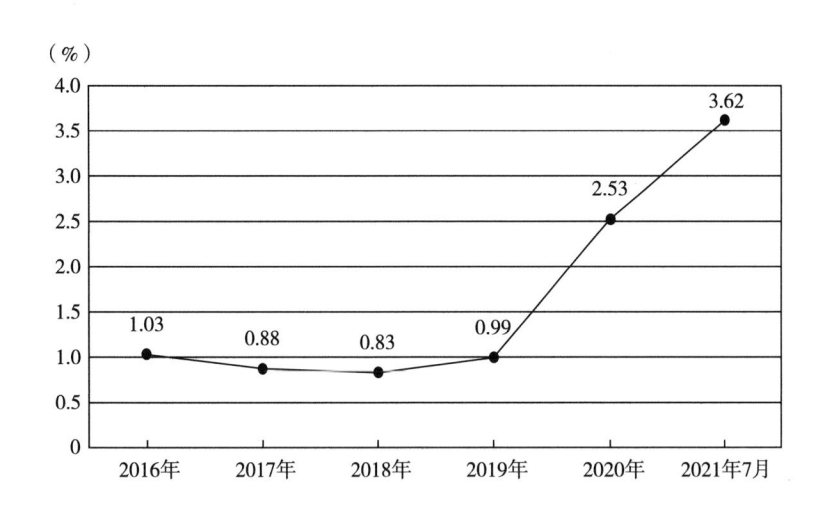

**图11 2016年至2021年7月龙江农担在保余额放大倍数趋势**

（2）新增放大倍数。新增放大倍数用每年新增担保额除以净资产，表示财政资金对新增担保的撬动作用。2016—2019年，龙江农担新增放大倍数呈平稳增长趋势；2019—2020年增长迅猛，从0.91倍增长至3.34倍；由于2021年数据非完整年度，但也能体现新增放大倍数的增加。新增放大倍数整体上体现了龙江农担充分发挥财政资金撬动作用。

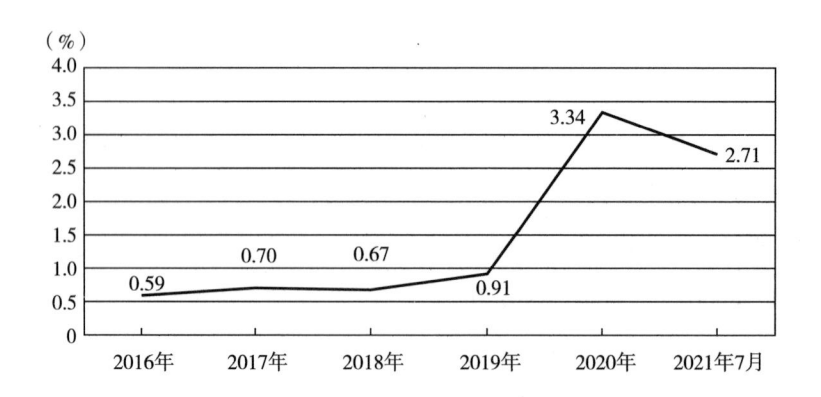

图 12　2016 年至 2021 年 7 月龙江农担新增担保额放大倍数趋势

## （五）结论与启示

**1. 主要经验**

（1）组织制度优势。龙江农担已建立起党委领导下的公司法人治理结构和经营管理制度，为公司实现稳健经营，提高经营效益、防范经营风险奠定了坚实的制度基础。同时，龙江农担建立了比较合理的薪酬福利及留人用人机制，有利于机构长期稳定发展和业务规范有序开展。

（2）资金优势。龙江农担实收资本为 62.3 亿元，资本金规模在全国农担领域处于"领头羊"地位。资本金优势与放大倍数相结合，将充分发挥财政资金的撬动作用，扩大担保服务范围。

（3）人才优势。龙江农担各级管理人员主要来自财政系统、农业农村系统及银行业金融机构，具有丰富专业知识和经验，形成人才互补优势；员工通过社会化招聘方式择优录用并经过机构定期培训，专业背景以金融、农业、法律为主，兼具多元化，已形成一支严守职业操守、作风扎实的高素质专业化队伍。

（4）体系网络优势。龙江农担的省市县三级体系网络基本覆盖了全省主要农业大县，同时，与国有商业银行、全国股份制商业银行、地方性商业银行建立的广泛合作关系，为进一步拓展业务创造了有利条件。

（5）风险分担机制优势。龙江农担基于强大的资本金实力和行业话语权，与合作银行实行"一九分险"或"二八分险"的风险分担机制，一改传统担保行业中由担保公司承担担保项目全部风险的惯例，在一定程度上有效避免了银行转嫁业务风险。

**2. 需要解决的主要问题**

（1）丰富产品种类。龙江农担的业务产品比较单一。根据国家对农担体系政策定位，农担公司首先要解决农业适度规模经营主体服务对象融资难融资贵问题，特别是在满足粮食规模化生产经营方面发挥积极作用。服务群体特定性和高风险性决定了农担公司要更多承担历史责任和使命，不能像其他金融机构根据市场情况来主动规避风险。龙江农担不断满足种植客户需求外，还应关注农业经营主体客户多元化需求，加大对种植领域之外其他农业行业的担保服务能力。

（2）加快数字化转型。龙江农担信息系统建设相对落后，金融科技手段采纳不足，大数据资源利用率低，未能充分借力信息技术优化业务流程、提高服务效率和提升风险防控能力。

（3）不断提高代偿追偿率。龙江农担在发挥信贷担保作用，履行代偿责任，撬动金融资源支持农业发展的同时，应创新追偿机制，不断提高追偿效果，提高资产质量，保持较高的担保能力。

# 八　江苏省农业融资担保有限责任公司

江苏省农业融资担保有限责任公司成立于2016年8月（当时公司名称为"江苏省农业信贷担保有限责任公司"，2019年6月更为现名，以下简称"江苏农担"），成立以来业务体系和业务规模发展迅速，取得了明显的政策效果。本报告基于对江苏农担的调研，对其业务模式、政策性绩效和可持续发展绩效进行了综合分析，总结其经验和面临的主要问题，并提出优化建议。

## （一）公司基本情况

### 1. 宗旨、目标与战略定位

江苏农担作为财政金融协同支农市场化平台，以贯彻落实国家和江苏省强农惠农政策为宗旨，专注支持粮食生产经营和现代农业发展，坚定"稳字当头、稳中求进"的总基调，为江苏省农业尤其是适度规模经营主体提供融资担保服务，以期进一步缩短为农服务半径、撬动更多金融资本投向农业农村，着力缓解农业融资难融资贵难题，助推乡村振兴战略顺利实施。

### 2. 股权与治理结构

（1）股权结构。江苏农担自成立以来经历了三次注资，首期为人民币10亿元，其中，江苏省级财政出资9亿元，江苏省信用再担保有限公司出资1亿元；2017年年底和2018年年底江苏省财政厅均分别增资9亿元，总额达到28亿元。截至2022年7月，江苏省财政厅出资金额27亿元，持股比例为96.43%；江苏省信用再担保集团有限公司出资1亿元，持股比例为3.57%。

（2）治理结构。江苏农担作为一级企业法人管理，实现了法人、业务、财务、考核、管理的"五个独立"，以确保其政策性、专注性和独立性，由江苏省财政厅和农业农村厅组成的省农业信贷担保管理委员会承担对公司具体业务的指导、考核、工作协调等日常工作。

公司治理架构由股东大会、董事会、监事会和管理层组成。此外，公司党组织为省财政厅机关党委管理的党总支，公司将党建融入现代企业治理结构中，以党建引领业务发展，现代企业治理结构不断完善。

（3）业务管理组织架构。江苏农担共设置七个职能部门（见图1），包括综合管理部（党总支办公室）、人力资源部、业务发展部、风险管理部、财务部、金融信息部以及法务与审计部（公司律师事务部）。

### 3. 业务网络

（1）网点数量及分布。江苏农担采取垂直化、扁平化管理方式持续推进基层服务网点建设，逐步将人员和机构下沉到基层一线。截至2022年7月，江苏农担下设12家市级分公司、1家市级办事处（苏州）、21家县级分公司，实现了以县为单位的业务全覆盖，尤其农业大县业务覆盖率达100%，初步建立起覆盖全省的农业信贷担保服务网络体系。

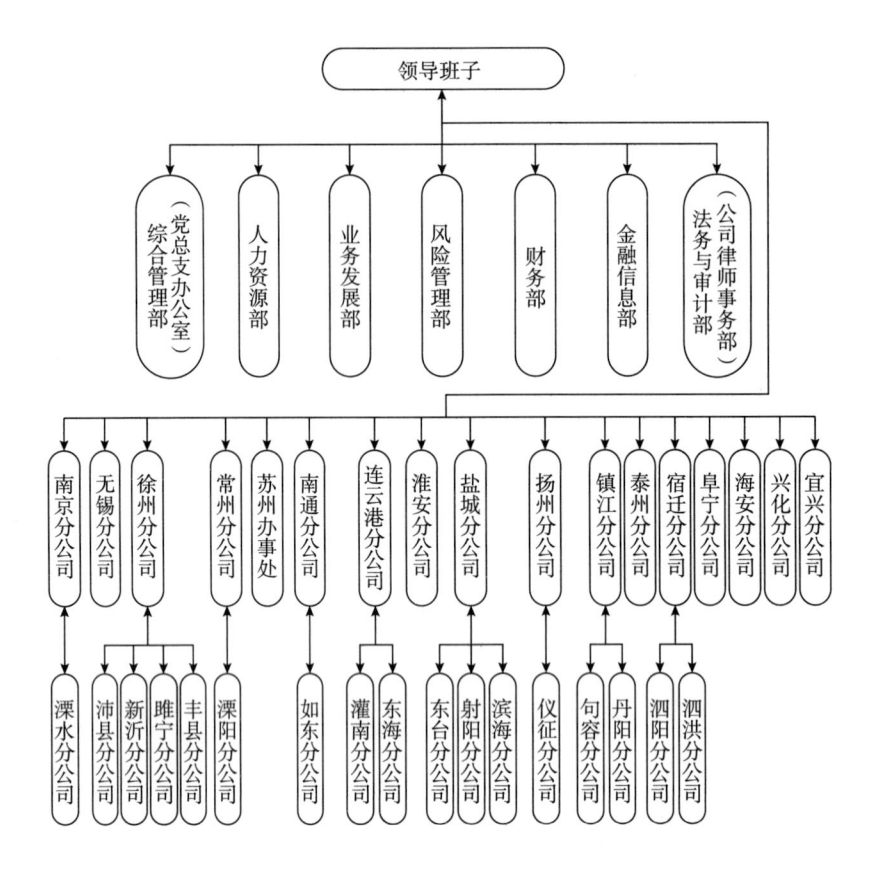

```
                          领导班子
   ┌──────┬──────┬──────┬──┴───┬──────┬──────┐
(党总   人力   业务   风险   财务   金融   (公司
 支部   资源   发展   管理    部    信息   律师
 办公    部    部     部            部    事务部)
 室)                                      法务与
 综合                                      审计部
 管理部
```

分公司（自上至下）：南京分公司、无锡分公司、徐州分公司、常州分公司、苏州办事处、南通分公司、连云港分公司、淮安分公司、盐城分公司、扬州分公司、镇江分公司、泰州分公司、宿迁分公司、阜宁分公司、海安分公司、兴化分公司、宜兴分公司

下级分公司：溧水分公司、沛县分公司、新沂分公司、睢宁分公司、丰县分公司、溧阳分公司、如东分公司、灌南分公司、东海分公司、东台分公司、射阳分公司、滨海分公司、仪征分公司、句容分公司、丹阳分公司、泗阳分公司、泗洪分公司

**图1 江苏农担管理组织架构**

资料来源：江苏省农业融资担保有限责任公司。

（2）合作银行数量与种类。截至2022年7月，江苏农担已与76家金融机构签订合作协议，授信总额度近300亿元。其中，签订总对总战略合作银行包括国有银行、股份制银行和农业开发银行等17家，其他全国性银行6家，地方性银行4家，以及中国人民财产保险股份有限公司等其他非银行机构。

**4. 人力资源**

江苏农担员工队伍不断发展壮大，为业务持续拓展提供重要的人才保障。截至2021年12月，江苏农担所属33家分支机构共有专职人员143人，兼职人员8人。其中，省公司本部专职人员为41人，分支机构专职人员共102人，县级以上分支机构主要按照每个分支机构4人进行人员配备。

## （二）业务模式

**1. 目标客户和业务标准**

江苏农担严格按照"双控"规定开展担保业务，专注支持农业适度规模经营。一是控制服务范围，将服务对象聚焦于农业适度规模经营主体，服务范围限定为农业生产及与农业生产直接相关的产业融合项目，突出对粮食、生猪等重要农产品生产的支持。二是控制担保额度，限定为单户在保余额不超过1000万元，同时，10万—300万元的政策性业务在保余额不得低于总担保余额的70%。

**2. 与基层政府的合作方式**

江苏农担积极推进与基层政府的合作，主要体现在以下方面：

（1）大力推进政担协同联动工作机制建设。江苏农担在基层建立了联席工作会议机制，涵盖农业、财政、银行、金融监管、银监、供销社、农担公司等成员单位，积极营造地方政府及相关职能部门协同支持农担工作的良好氛围，不断扩大支农的"朋友圈"。

（2）积极推动各级政府出台保费补贴、利息奖补等政策措施，着力降低农户融资成本。

（3）以农业生产龙头企业为核心，持续加大对供应链上下游的资金扶持力度，围绕地方政府支持的特色产业和优势产业集群，设计和提供专项服务对接，不断提高农担服务的精准性。

（4）推动基层政府深度参与农担业务扩展与风险管理。一方面，通过战略合作协议，约定以及落实代偿风险分担责任等机制。另一方面，地方政府支持设立由农担公司统一管理的风险资金池，专项用于农担业务风险代偿。

（5）为帮助农业融资担保服务对象及时续贷，缓解资金紧张压力，地方政府根据财政实力出资设立应急转贷资金。如南通市首期财政出资500万元设立农业信贷担保应急转贷资金，为担保服务对象提供应急、短期的流动性支持。

（6）各分公司在办公场地申请、人员招聘、业务宣传推介、农户信用信息获取与利用等方面积极争取基层政府的广泛支持和配合。

### 3. 与银行的合作方式

（1）获客与保前审核方式。江苏农担大力推进与合作银行的密切协作，在客户资源、贷前（保前）审核等层面加强信息共享和优质客户互荐，促进银担合作共赢。江苏农担不断创新与银行的合作模式，持续优化业务流程，联合开发出一系列符合农业农村特点、易推广、可复制的担保贷款产品。例如，江苏农担与建设银行联合开发了"见保即贷"产品。

（2）放大比例与分险比例。江苏农担撬动的金融支农资金总量快速增长，农担业务放大倍数持续高于全国平均水平，"金融放大器"功能得到有效发挥，银担合作的政策效应得以彰显。在政银担模式中，江苏农担与政府和合作银行按照2∶2∶6的比例分担风险。其中，在地方政府分担的20%风险中，由市级财政根据各地实际情况确定合理的市县分担机制。

（3）代偿与补偿。在代偿方面，江苏农担为代偿设置了条件，与合作银行约定在出现担保贷款逾期时，江苏农担与合作金融机构有90天共同追偿期，追偿期内双方积极采取有效措施并尽可能减少损失，待共同追偿期满后，由江苏农担履行代偿责任；但是，如果借款人向银行抵押了财物，则银行优先处置抵押物，暂不要求江苏农担履行代偿责任；此外，如果江苏农担认为逾期情形存在较大争议或瑕疵，经与合作银行协商后，可以暂不履行代偿责任①。这种制度安排很好地激励银行担负起相应的风险管理责任，对江苏农担防控风险多了一道屏障。

**4. 收入来源**

随着江苏农担业务规模的不断扩大，公司收入来源也得以拓展。保费收入始终是公司收入的主要来源，保费收入持续增长的同时，资本金投资收益成为江苏农担年度收入的重要补充来源。财政奖补资金也是江苏农担重要的收入来源。相关奖补资金在完成年度绩效考核基础上，由中央财政下达省财政，主要用于降低担保费、扩大业务规模、提升服务质量以及防范化解风险等。

**5. 风险管理的方式方法**

江苏农担在设计担保产品时，注重将风险管理基因深度嵌入产品开发和业务方案各环节，初步构建了符合江苏农业产业特点和新型农业经营主体发展规律的风险管理体系。具体体现在以下七个方面：

（1）产品设计。江苏农担在产品额度和担保期限设计等方面不断完善风险防控措施。在产品额度设计上，综合考虑客户第一还款来源等因素，设定授信的"参考值"，限定"最高值"。在担保期限设计上，注重经营周期与贷款期限错配的解决方案，使担保产品符合农业特定行业的生产和流通规律。

（2）授权审批机制。江苏农担根据各地业务质量、区域风险状况、风险管控水平等因素，对所有分支机构开展差异化、动态化授权审批管理。

---

① 在法律上，担保人享有先诉抗辩权，即担保人在债权人未就主债务人的财产强制执行而无效果之前，可以拒绝债权人要求其履行保证债务的权利。

（3）多层面改进风险防控的保障机制。江苏农担通过制定业务规则和操作规范，分层分类规范担保业务流程，以流程合规为抓手，切实防范操作风险和道德风险，以标准化、精细化管理减少经营风险。

（4）适应农村特点的反担保机制。江苏农担在设计反担保要求时，强调针对农业轻资产的产业特点和农村熟人社会特征，充分发挥具有农业特色反担保措施的风险缓释作用，探索构建以家庭信用为第一维度，由借款主体的配偶、成年子女或有固定收入的亲朋提供连带责任保证。与此同时，以具有一定登记、流转、处置等功能的反担保物为第二维度的反担保，通过协调银行放宽传统风控下的抵质押担保措施，建立健全"看人""看事"的风险评价和管理模式，切实降低贷款准入门槛。

（5）大数据风控模型。江苏农担依托大数据风控技术，结合农业产业特色，先后开发了生猪养殖、苗木种植、肉鸡和蛋鸡养殖、河蟹养殖等20多个风控模型，并将风控模型与往期业务中农业分行业数据和个体全信贷周期数据进行匹配校验，建立"技防"与"人防"有机结合的风险评估模式，有效提升了担保风险防控的精准度和有效性。

（6）追偿机制。江苏农担坚持"风险防控"和"清收追偿"两手抓，因户施策制定差异化的追偿方案，综合运用司法诉讼、直接催收、达成分期还款仲裁协议等处置方式开展清收追偿工作。同时，江苏农担与合作银行制订"一户一策"追偿方案，不断提高追偿回收率。

（7）其他配套机制。江苏农担出台并完善保后管理、风险分类管理、风险预警管理等配套机制，建立业绩激励和风险管控并重的绩效考核机制，多渠道多维度开展多种形式的风控交流和培训，强化全员风险防控意识。

## （三）政策性绩效

基于对江苏农担业务开展的政策精准性、业务和贷款增加量、综合融资成本、履行社会责任、支持集体经济发展等方面的综合分析可知，江苏农担的业务开展体现了支持农业适度规模经营的专注性，并通过采取多种措施保障业务开展不脱农、不泛农。

**1. 政策精准性**

（1）客户对象及其构成。江苏农担按照"双控"规定开展担保业务，业务对象及构成直观反映了公司支持农业适度规模经营主体的专注性。按支持经营主体类型划分看[见图2(a)]，2021年公司支持种养大户、家庭农场、农民专业合作社、农业企业的在保余额分别为43.02亿元、31.96亿元、13.78亿元、86.78亿元，占比分别为24.50%、18.21%、7.85%和49.44%。公司支持上述各类经营主体的项目数分别为9058个、5944个、1609个和8385个，占比分别为36.24%、23.78%、6.44%和33.55%[见图2(b)]。2021年公司新增在保余额中，支持种养大户、家庭农场、农民专业合作社、农业企业的在保余额分别为24.78亿元、24.10亿元、10.10亿元和69.05亿元，占比分别为19.35%、18.82%、7.89%和53.94%。

（2）业务范围、规模与结构。随着江苏农担网点布局不断延伸，业务范围不断拓展且重点突出，多领域发力支持现代农业发展。由图3可知，2021年年底，公司农担业务支持范围内在保余额最多为农产品流通领域（42.00亿元，占比23.91%），其后分别是重要特色农产品种植（30.60亿元，占比17.44%）、粮食种植（25.02亿元，占比14.25%）、渔业生产（24.40亿元，占比13.90%）、农产品初加工（22.50亿元，占比12.83%）、其他畜

**(a) 在保余额（亿元）及占比**

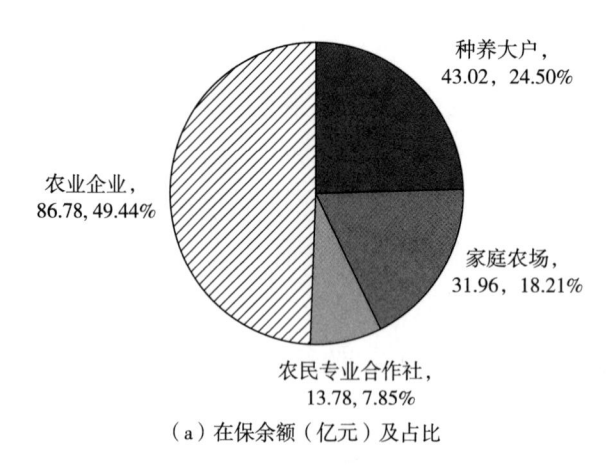

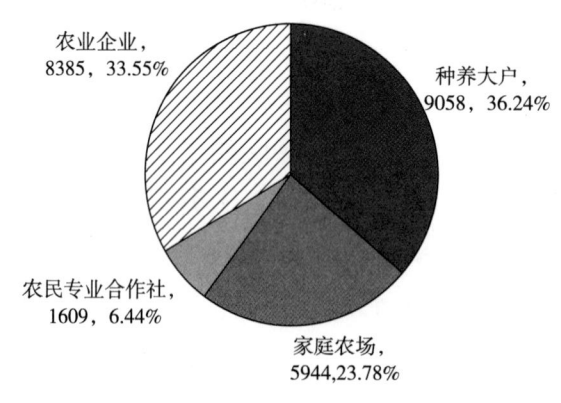

- 种养大户，43.02，24.50%
- 家庭农场，31.96，18.21%
- 农民专业合作社，13.78，7.85%
- 农业企业，86.78，49.44%

**(b) 在保项目数（个）及占比**

- 种养大户，9058，36.24%
- 家庭农场，5944，23.78%
- 农民专业合作社，1609，6.44%
- 农业企业，8385，33.55%

**图 2　2021 年江苏农担各类农业经营主体在保余额及占比、在保项目数及占比**

注：由于四舍五入的原因，合计有可能不完全等于100%，下同。

资料来源：江苏省农业融资担保有限责任公司。

牧业（13.16亿元，占比7.50%）。此外，农业社会化服务、生猪养殖、农业新业态、农田建设等项目在保余额分别为9.26亿元、4.68亿元、3.77亿元和0.13亿元，占比分别为5.30%、2.67%、2.14%、0.07%。从在保项目数量看，主要集中在粮食种植、渔业生产、农产品流通、重要特色农产品种植等领域，占比分别为21.37%、17.67%、17.57%和16.73%。

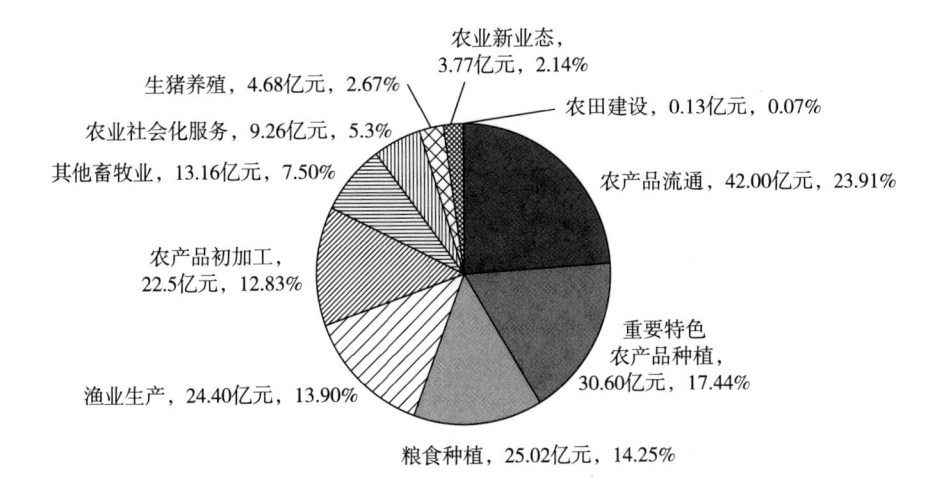

农业新业态，
3.77亿元，2.14%
生猪养殖，4.68亿元，2.67%
农业社会化服务，9.26亿元，5.3%
农田建设，0.13亿元，0.07%
其他畜牧业，13.16亿元，7.50%
农产品流通，42.00亿元，23.91%
农产品初加工，22.5亿元，12.83%
重要特色农产品种植，30.60亿元，17.44%
渔业生产，24.40亿元，13.90%
粮食种植，25.02亿元，14.25%

**图3　2021年江苏农担业务支持范围及占比**

资料来源：江苏省农业融资担保有限责任公司。

江苏农担业务规模不断扩大，但无论从总量看还是新增业务量看，政策性业务始终占绝对比例。一是从在保余额看，由表1可知，2019—2021年政策性业务（10万—300万元）每年末的在保余额占比分别为96.90%、98.44%、99.22%；政策性业务（生猪养殖300万—1000万元）的占比均为0.1%左右；政策外"双控"业务（300万—1000万元）的占比分别为2.98%、1.48%和0.72%，下降趋势明显。

表1　　　　2019—2021年江苏农担在保余额及占比　　　单位：亿元、%

|  | 2019年 | | 2020年 | | 2021年 | |
| --- | --- | --- | --- | --- | --- | --- |
|  | 余额 | 占比 | 余额 | 占比 | 余额 | 占比 |
| 政策性业务（10万—300万元） | 78.65 | 96.90 | 128.35 | 98.44 | 174.17 | 99.22 |
| 政策性业务（生猪养殖300万—1000万元） | 0.10 | 0.12 | 0.10 | 0.08 | 0.10 | 0.06 |
| 政策外"双控"业务 | 2.42 | 2.98 | 1.93 | 1.48 | 1.27 | 0.72 |
| 合计 | 81.17 | 100 | 130.38 | 100 | 175.54 | 100 |

资料来源：江苏省农业融资担保有限责任公司。

二是从新增担保业务看,由表2可知,2019—2021年政策性业务(10万—300万元)每年新增担保额占比分别为96.67%、97.64%、98.97%;同期政策性业务(生猪养殖300万—1000万元)新增担保额占比分别为0.13%、0.10%和0.16%;政策外"双控"业务(300万—1000万元)新增担保额占比分别为3.20%、2.26%和0.97%。

表2　　　　　2019—2021年江苏农担当年新增担保金额及占比　　　单位:亿元、%

| | 2019 | | 2020 | | 2021 | |
|---|---|---|---|---|---|---|
| | 金额 | 占比 | 金额 | 占比 | 金额 | 占比 |
| 政策性业务(10万—300万元) | 72.28 | 96.67 | 100.41 | 97.64 | 126.70 | 98.97 |
| 政策性业务(生猪养殖300万—1000万元) | 0.10 | 0.13 | 0.10 | 0.10 | 0.20 | 0.16 |
| 政策外"双控"业务 | 2.39 | 3.20 | 2.33 | 2.26 | 1.12 | 0.97 |
| 合计 | 74.77 | 100 | 102.84 | 100 | 128.02 | 100 |

资料来源:江苏省农业融资担保有限责任公司。

从业务对象和业务构成看,江苏农担严格按照国家政策要求,聚焦于支持农业规模化经营,其中主要是支持粮食生产及其供应链的发展,符合"双控"要求,说明其业务的政策精准性。

**2. 增加量**

(1)客户数量。江苏农担公司客户群体不断扩大,首贷户占比较为稳定。由图4可知,2017—2021年,公司在保新型农业经营主体数分别为304户、2856户、10290户、18479户、24996户。2019年、2020年和2021年公司新增项目数分别为9425个、13865个和16492个,增长态势良好。截至2022年6月累计客户达52503户。

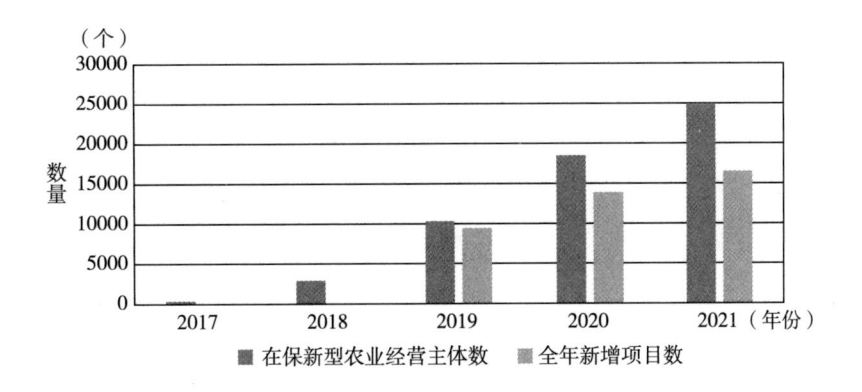

**图 4　2017—2021 年江苏农担客户存量及新增项目数**

资料来源：江苏省农业融资担保有限责任公司。

江苏农担年度新增首贷客户及由此带来的新增担保项目金额稳定增加。由图 5 可知，2020 年公司全年新增首贷客户的担保项目 558 个，占当年新增总数的比例为 4.02%；全年新增首贷客户的担保项目金额为 3.82 亿元，占当年新增总数的比例为 3.72%。2021 年公司全年新增首贷客户的担保项目 578 个，占当年新增总数的比例为 3.50%；全年新增首贷客户的担保项目金额共 4.29 亿元，占当年新增总数的比例为 3.35%。

（a）新增首贷客户的项目数　　（b）新增首贷客户的担保项目金额

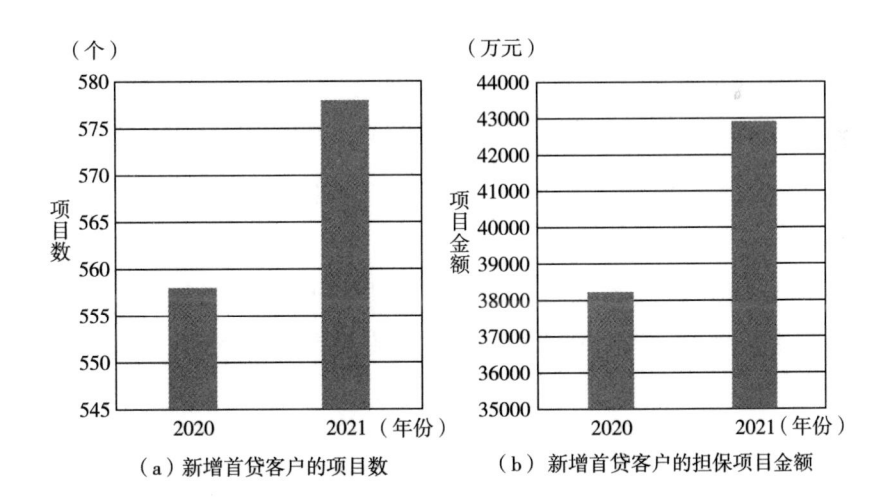

**图 5　2020—2021 年江苏新增首贷客户的项目数及金额**

资料来源：江苏省农业融资担保有限责任公司。

（2）贷款增加量。江苏农担业务的深入开展，显著增加了农业经营主体得到的贷款额度，有效缓解了农业"融资难"问题。统计显示，2020年经江苏农担担保后，客户经营性贷款有所增加的担保项目数为9216个，占当年新增担保项目总数的比例为66.47%；担保后全年经营性贷款额度有增加的担保项目总额为60.13亿元，占当年新增担保项目金额的比例为58.47%，增加额为48.19亿元。2021年公司担保后全年经营性贷款额度有所增加的担保项目数为9677个，占当年新增担保项目总数的比例为58.68%；担保后全年经营性贷款额度有增加的担保项目总额为69.52亿元，占当年新增担保项目金额的比例为54.31%，增加额为61.89亿元。

从客户数量尤其是首贷户以及贷款额度增加情况看，江苏农担确实发挥了撬动金融资本，缓解了农业生产的"贷款难"问题。

**3. 农业综合融资成本**

江苏农担通过与金融机构约定利率上浮水平，推动各级政府出台保费减免、利息奖补等政策措施，客户负担的平均担保费率、平均贷款利率、综合融资成本均持续下降。由图6可知，2019年公司加权平均担保费率0.93%，2020年4月，基准费率从原来的1%调整为年化0.8%，部分区县（市）担保费率在地方财政补贴后降至0.5%以下，常州、宜兴等地实现了零保费。2020年平均担保费率为0.60%，平均贷款利率为4.67%，综合融资成本为5.27%。2021年平均担保费率为0.55%（比上年下降0.05个百分点），平均贷款利率为4.53%（比上年下降0.14个百分点），综合融资成本为5.08%（比上年下降0.19个百分点），显著低于全国农担业务综合融资成本的平均水平（5.71%）[①]。可见，江苏农担业务对象的融资成本逐年降低，涉农"贷款贵"的问题得到有效缓解。

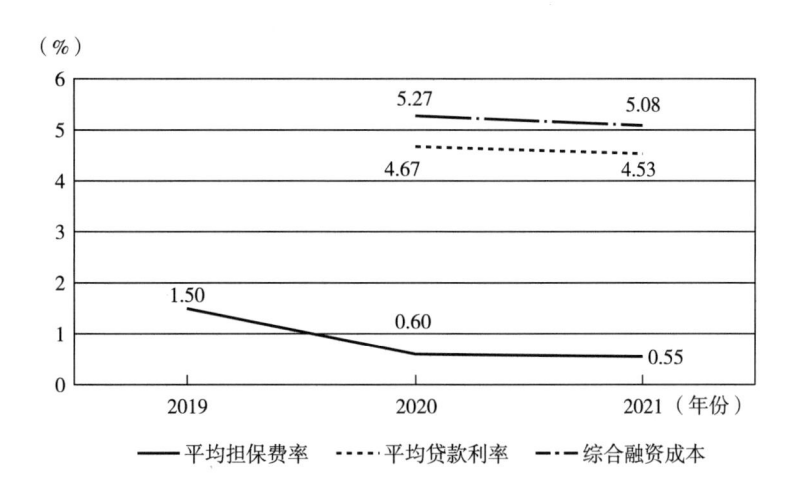

**图 6　2019—2021 年江苏农担综合融资成本变动**

资料来源：江苏省农业融资担保有限责任公司。

### 4. 履行社会责任与助力脱贫攻坚

江苏农担在不断增强业务发展能力的同时，积极承担社会责任。一是为缓解新冠疫情对农村各类经营主体产生的冲击，出台担保费优惠政策，增强了农村各类经营主体尤其是中小微企业应对疫情冲击的韧性。2021 年公司减免了 9890 个项目的担保费 5116 万元。二是疫情期间为化解存量贷款户、存量担保户风险，江苏农担为其展期贷款、续贷等提供担保，涉及项目数 114 个，担保金额 16118 万元。三是公司担保业务的开展促进了各类主体就业增收，助力脱贫攻坚成果巩固与拓展。精准扶贫期间，公司农担业务开展累计带动贫困人口 1777 人，带动贫困

---

[①] 曲哲涵：《财经短波——全国农担体系累计担保金额已达 8597 亿元》，《人民日报》2022 年 10 月 31 日第 18 版。

人口实现增收 9.24 亿元。

**5. 支持农村集体经济发展**

为支持农村集体经济组织发展，江苏农担推出了"助村贷"担保业务。随着大力推进农业农村"高标准农田建设、土地规模流转、适度规模经营"三个全覆盖，海安市在政府牵头下，农业农村局、财政局、江苏农担海安分公司、海安农商行等多次会商，决定由市财政局每年提供100万元专项资金用于江苏农担专项担保贷款贴息、贴费，由海安农村商业银行、中国农业银行海安市支行发放专项贷款，江苏农担海安分公司落实担保增信，"助村贷"产品由此产生。截至2022年10月末，"苏农担·海安助村贷"产品在保户数40户，在保金额5250万元。

## （四）可持续性绩效

**1. 业务质量**

（1）代偿率。近三年来，江苏农担年度担保平均代偿率为1.27%，低于全国农担体系代偿率的平均水平。同时，公司担保代偿能力不断提高。由表3可知，2019年、2020年、2021年江苏农担年度担保代偿率分别为1.25%、1.36%和1.20%。自江苏农担成立以来，累计代偿项目263个，累计代偿金额2.24亿元，累计代偿率为1.32%。

表3　　　　2019—2021年江苏农担代偿项目情况　单位：个、万元、%

| 年份 | 2019 | 2020 | 2021 |
| --- | --- | --- | --- |
| 累计代偿项目数 | 38 | 75 | 152 |
| 累计代偿总额 | 3376.70 | 7286.57 | 9961.34 |
| 累计政策性业务代偿额（10万—300万元） | 3209.20 | 6416.07 | 9576.99 |

续表

| 年份 | 2019 | 2020 | 2021 |
|---|---|---|---|
| 累计政策外业务代偿额（300万—1000万元） | 167.50 | 870.51 | 384.34 |
| 担保代偿率 | 1.25 | 1.36 | 1.20 |

资料来源：江苏省农业融资担保有限责任公司。

由于与合作银行约定了代偿条件，所以江苏农担存在一定的逾期未代偿项目。2020年年底，江苏农担未代偿的逾期项目36个，共计2241.99万元；尚有代偿余额的项目107个，共计1.14亿元；逾期3个月以上未代偿比率为0.04%。2021年年底，未代偿的逾期项目55个，共计3712.47万元；尚有代偿余额的项目242个，共计1.90亿元。

（2）追偿率。江苏农担持续加大代偿资产的清收追偿力度。由表4可知，2019年公司累计追偿项目4个，计141.61万元，追偿率为3.17%。2020年公司累计追偿项目24个，计901.01万元，追偿率为7.79%。2021年公司累计追偿项目100个，计2341.12万元，追偿率为10.97%。自成立以来，公司累计追偿项目110个，累计追偿金额3399.77万元，累计追偿率为15.17%。

表4　　　　2019—2021年江苏农担追偿项目情况　单位：个、万元、%

| 年份 | 2019 | 2020 | 2021 |
|---|---|---|---|
| 累计追偿项目数 | 4 | 24 | 100 |
| 累计追偿总额 | 141.61 | 901.01 | 2341.12 |
| 追偿率 | 3.17 | 7.79 | 10.97 |

资料来源：江苏省农业融资担保有限责任公司。

**2. 盈利能力**

江苏农担国有资产保值增值率波动上升。2017年、2018年、2019年、2020年和2021年分别为100.37%、102.17%、

100.30%、102.76%和105.99%。可见，江苏农担做到了国有资产的保值增值。

### 3. 经营管理效率

江苏农担运营五年多来，业务规模实现跨越式增长，2017年、2018年、2019年、2020年、2021年公司分别实现在保余额5.18亿元、33.4亿元、81.17亿元、130.39亿元、175.54亿元。随着公司业务发展壮大，业务受惠群体不断拓宽、政银担合作全面深化、产品与服务创新能力持续增强，与此同时，公司管理体系尤其是风险管理和人力资源管理体系不断完善。

（1）劳动生产率。近年来，公司专职人员队伍不断壮大，与此同时，年末人均在保项目和人均在保余额均有所增加，劳动生产率波动上升。表5显示，2019年年末人均在保项目数103个，年末人均在保余额0.81亿元；人均新增担保项目数94个，人均新增担保额0.75亿元。2020年公司年末人均在保项目数174个，年末人均在保余额1.23亿元；人均新增担保项目数131个，人均新增担保额0.97亿元。2021年公司年末人均在保项目数175个，年末人均在保余额1.23亿元；人均新增担保项目数115个，人均新增担保额0.90亿元[1]。

表5 2019—2021年江苏农担人均在保余额和年度人均新增担保额

单位：人、个、亿元

| 年份 | 专职人员数量 | 在保项目数 | 在保余额 | 人均在保项目数 | 人均在保余额 | 当年新增项目数 | 当年新增担保额 | 当年人均新增项目数 | 当年人均新增担保额 |
|---|---|---|---|---|---|---|---|---|---|
| 2019 | 100 | 10276 | 81.17 | 103 | 0.81 | 9425 | 74.77 | 94 | 0.75 |
| 2020 | 106 | 18479 | 130.38 | 174 | 1.23 | 13865 | 102.84 | 131 | 0.97 |

[1] 相较于2020年，2021年人均新增担保额有所降低，这主要是因为公司专职人员较大幅度的增长。

续表

| 年份 | 专职人员数量 | 在保项目数 | 在保余额 | 人均在保项目数 | 人均在保余额 | 当年新增项目数 | 当年新增担保额 | 当年人均新增项目数 | 当年人均新增担保额 |
|---|---|---|---|---|---|---|---|---|---|
| 2021 | 143 | 24996 | 175.54 | 175 | 1.23 | 16492 | 128.02 | 115 | 0.90 |

资料来源：江苏省农业融资担保有限责任公司。

（2）财政资金使用效率。近年来，江苏农担的财政资金撬动金融资本的效果明显提升。表6报告了2019—2021年江苏农担在保放大倍数和新增放大倍数，前者分别是2.90、5.02和6.43，后者分别是2.27、2.16和4.69。

表6　2019—2021年江苏农担在保放大倍数和新增放大倍数　单位：亿元

| 年份 | 担保责任余额 | 净资产 | 在保放大倍数 | 新增放大倍数 |
|---|---|---|---|---|
| 2019 | 81.17 | 27.99 | 2.90 | 2.27 |
| 2020 | 130.39 | 29.32 | 5.02 | 2.16 |
| 2021 | 175.54 | 31.00 | 6.43 | 4.69 |

资料来源：江苏省农业融资担保有限责任公司。

**4. 数字化转型**

江苏农担积极推进业务数字化转型，探索运用金融科技降低交易成本、提高交易效率、增强风险防控能力。一是通过与农业农村部新型农业经营主体直报平台进行对接，全天候收集全省适度规模经营主体信息和金融服务需求，增强了客户获取和融资需求挖掘能力。江苏农担还与省农业农村厅主管的农技耘App深度合作，开设农业担保专题，提供在线申请及咨询服务。二是推进银担业务合作数字化，大幅提升工作效率、降低交易成本。江苏农担大力推进银担数据交换平台建设，完成与江苏银行、江苏省农村信用社联合社等六家银行的系统对接，着力推进农业信贷担保项目审核、保费缴纳、保函发放等的全流程线上化。以"农易贷"为代表的全线上业务开展大幅缩短项目审批周期，使客户在手机上便能完成担保和反担保手续，减少了基层人员的线下操作，提升了银担合作效率和客户体验。三是为破解"人少事多"难题，公司引入机器人流程自动化（RPA）技术，部分取代流程固定、重复性高的人工操作，减轻工作量，提升工作效率。四是利用金融科技赋能风险防控，进一步提升风险防范和化解能力。江苏农担围绕地方农业特色产业及细分行业，充分挖掘农担历史数据资源，先后开发了覆盖种养殖业领域的20多个风控模型，提升风险监测和风险防控的精准度和有效性。

## （五）结论与启示

### 1. 主要经验

近年来，江苏农担始终坚守政策性定位，立足省内"三农"发展实际需求，业务规模不断发展壮大，经营管理效率持续提高，支农政策平台作用得到持续增强。经过近几年来的实践探索，江苏农担在发展战略定位、担保产品和服务设计、政担和银担合作、风险管理策略、农担业务数字化转型等方面积累了诸多经验。

（1）严格按照国家"双控"政策标准，确保做到专注农业，不脱农、不泛农。不断提升政策性业务占比，优化客户来源和结构，专注支持农业适度规模经营，精准助力稳产保供。

（2）不断增强产品和服务的创新能力，注重提高农担的品牌影响力。江苏农担不断加强产品创新，有效增加担保产品供给，立足各地农业资源禀赋、农业生产经营特点、农业金融环境等，打造以标准化产品、供应链金融、地方特色产品为主的产品体系。

（3）积极推进政担协同联动工作机制建设、银担合作机制建设，按照风险共担、客户互荐、信息共享、共同追偿等原则，不断扩大支农扶农"朋友圈"。公司在工作机制建设、支农政策融入、产品与服务设计、风险化解、降低融资成本等方面大力推进与地方政府的深度合作，围绕地方政府支持的特色产业和优势产业集群，设计和提供专项服务对接，不断提高农担服务的精准性。

（4）持续完善政银担风险共担机制，建立覆盖全局、全程、全线、全员的"四全"风险防控体系。江苏农担通过"产品设计防范风险、看人看事识别风险、保前保后发现风险、清收保全化解风险"等方式，构建符合江苏农业产业特点和新型农业经营主体发展规律的全面风险管理体系。

（5）积极推进农担业务数字化转型，着力提高工作弹性和效率。江苏农担积极与农业农村部新型农业经营主体直报平台进行对接，与省农业农村厅主管的农技耘 App 深度合作，并推进银担数据交换平台建设，建立与银行系统的对接，实现农业信贷担保项目审核、保费缴纳、保函发放等环节的全流程线上化。

### 2. 主要问题

江苏农担虽然经济效益和社会效益不断扩大，担保业务发展取得明显成绩，但仍面临诸多挑战。

（1）尽管公司在客户资源挖掘与数据库建设、推进与政银系统对接等方面付诸了诸多努力，但农担客户数据及金融需求的采集与共享、大数据的开发利用、不同平台间的整合等治理机制仍有待健全。

（2）农业政策性担保体系和融资担保体系之间的关系尚未理顺，业务交叉、模式冲突、收费政策等对农担业务发展存在较大的冲击。

（3）"去担保化"压缩农担机构的发展空间。经过江苏农担的孵化培育，金融机构对客户信用足够好、信贷风险可控情境，倾向于"去担保"，以降低信贷交易成本，提高客户体验，增强市场竞争力。

### 3. 启示

为持续提高政策性绩效和可持续发展能力，江苏农担可以在以下几个方面做出努力。

（1）在坚守"双控"标准基础上，着力推进农担业务发展。江苏农担应大力拓展对农业适度规模经营主体的首贷业务，着力提高首贷客户占比；将支持农村集体经济发展纳入担保业务发展战略框架，积极主动拓展业务发展空间。

（2）积极应对"去担保化"压力，及时调整农担体系发展战略。随着"去担保化"边界的不断上移，农担公司应提前进行担保业务边界上移的人才和技术储备。

（3）进一步建立基于地方农业资源禀赋的产品谱系。通过为农户增信逐步优化农村金融环境，全力服务于地方农业产业发展，探索多样化获客渠道，充分发挥金融资源引导功能，将更多金融资源引入农业农村，在农业农村领域形成良性竞争氛围，从而实现"融资难、融资贵"问题的有效破解。

# 九　山东省农业发展信贷担保有限责任公司

山东省农业发展信贷担保有限责任公司（以下简称"山东农担"）成立于2017年12月，注册资本金40亿元，由省财政厅代省政府履行出资人职责，是具有政策性、专注性、独立性的省管重要骨干企业。本报告基于山东农担发展的业务模式分析、政策性绩效和可持续性绩效的综合分析，总结其主要经验与面临的问题，以期为中国农担体系的高质量发展提供有益借鉴。

## （一）公司基本情况

### 1. 宗旨、目标与战略定位

山东农担以农村金融供给侧结构性改革为抓手，抓住金融科技创新、大行服务下沉和农村金融机构回归主业机遇，运用农担"增信、分险、赋能"的功能，为"三农"和小微企业融资需求提供高效、精准、低成本服务，全力破解农业融资难、融资贵、融资烦的问题，为助力山东省乡村振兴战略和农业新旧动能转换重大工程实施贡献农担力量。

### 2. 法人治理结构

公司设立了党委会、董事会、监事会和经理层，初步形成了各司其职、相互制衡、协调有序的管理机制。截至2022年12月31日，公司党委会下设党委办公室、党委组织部及党群工作部等部门；董事会下设董事会办公室、战略发展与专家咨询委员会、审计与风险管理委员会、提名与薪酬委员会等组织；经理层下设办公室、人力资源部、战略发展部、担保业务部、保后管理部、风险管理部、法律事务部、资产管理部、创新发展部、审计专员办公室、计划财务部、工会和15个市级管理中心等职能部门；公司纪委与省纪委驻公司监察专员办公室合署办公，内设综合业务部和纪检监察室。

### 3. 业务网络与人力资源

按照机构下沉、人员下沉的要求，山东农担搭建了"公司总部+市级管理中心+县级办事处+乡镇（街道）农担工作站"的四级服务网络。一是在15个市设管理中心，统筹协调市辖区内业务开展；二是在154个县（市、区）设立农担办事处，主任一般由财政、农业部门副科级干部兼任；三是在各乡镇（街道）财政所、经管站等机构加挂农担工作站牌子，利用其人熟、地熟和村民信任的优势，宣传推介农担政策，协助办理农担业务。

截至2022年年末，全省1679个乡镇（不含青岛），已设立专门从事农担业务的机构1007个，专职人员914人，兼职人员2736人。仅在政担合作层面，全省从事农担工作人员就达到4267人（各级政府3989人，农担278人），如果加上村"两委"，人数会更多。

同时，山东农担下设两家控股子公司，鲁担（山东）数据科技有限公司（以下简称数科公司）和鲁担（山东）城乡冷链产融有限公司（以下简称产融公司），人数分别为78人和46人。

## (二) 业务模式

**1. 目标客户和业务范围**

(1) 政策性（双控）业务。山东农担依据财政部要求，严格按照"双控"规定开展担保业务，专注支持农业适度规模经营。一是控制服务范围，将服务范围限定为农业生产（包括农林牧渔生产和农田建设）及与农业生产直接相关的产业融合项目（包括向农业生产者提供农资、农技、农机，农产品收购、仓储保鲜、销售、初加工，以及农业新业态等服务的项目），突出对粮食、生猪等重要农产品生产的支持。公司在执行"双控"规定基础上，将服务对象聚焦于家庭农场、种养大户、农民合作社、农业社会化服务组织、小微农业企业等农业适度规模经营主体，以及国有农场中符合条件的农业适度规模经营主体。二是控制担保额度，限定为单户在保余额不超过1000万元，同时，10万—300万元的政策性业务在保余额不得低于总担保余额的70%。

(2) 政策外业务。山东农担严格管控政策外业务规模，已有政策外业务逐步收缩，现有政策性业务和政策外业务实行分开核算。

**2. 与基层政府的合作**

(1) 建立协调指导机制。省级层面，成立由省财政厅、农业农村厅、地方金融监管局组成的农担工作推进委员会，指导全省农担工作开展。市级层面，推动全省15市（不含青岛）出台全面推进农业信贷担保工作的指导意见，成立市级农担工作推进领导小组，协调、指导辖区内农担工作开展，并将农担工作情况纳入考核。县级层面，推动成立县级财政金融协同支农领导小组，协调建立农政银担支农合作机制，督导有关部门和乡镇（街道）落实农担工作任务并组织考核。

（2）与省级部门密切合作，瞄准重点群体开发专项产品，借助其组织优势开展业务宣传、客户筛选。比如，与省委组织部、农行联合开发"强村贷"，推动村集体经济发展；联合省妇联推出"巾帼贷"，为广大女性创业者提供切实帮助；联合省工会推出"工创贷"，助力农民工和农村转移劳动力实现创业就业；联合团省委推出"鲁青农担贷"，支持涉农领域青年创新发展。

（3）建立风险共担机制。与办事处所在县（市、区）政府签署战略合作协议，明确由合作县（市、区）设立风险补偿金，对于辖区内发生的代偿，县（市、区）财政按照20%—40%的比例分险。

### 3. 与银行的合作

山东农担坚持市场化运作，推动银行金融机构形成竞争为农服务的良好局面。

（1）构建竞争机制。按照"利率优惠、风险共担、免收保证金"原则，将农担政策、产品方案、目标客户名单向所有银行开放、向全社会公开，引导合作银行公开利率、农业经营主体自主选择银行，在农村金融市场中产生了"鲶鱼效应"。

（2）构建互信机制。突破传统银担合作模式，按照"信任、协同、责任、担当"的原则，目前已与226家银行签署银担互信协议，约定客户准入标准、负面清单、资料要求、业务流程等，由银行客户经理按照山东农担制订的产品方案、规则和提供的客户名单逐户对接、上门服务、收集资料、提报业务、签署合同等。同时，优化银担业务流程，实行错位作业，对于银行负责审查的部分，农担不再重复审查。环保、用地、防疫等证明，经银行确认合规后，可免予提交。发生代偿后，未按照协议约定条件提报业务或存在弄虚作假的,山东农担可免除担保责任。

(3) 完善分险机制。在原有银担2∶8分险基础上,根据银行类型及业务情况,推动部分银行上调分险比例,进一步压实银行责任、提高协作效率。目前,已有195家地方性商业银行、农商行和前期已开展合作的村镇银行按照3∶7分险,22家新进入的村镇银行按照4∶6分险。通过市场化运作,改变了原来银担合作中被动分险,在产品、客户、流程、规则等方面都须遵循银行标准的局面,转为农担主导银担合作模式、制定合作规则,实现了从被动到主动的突破性变化,很多产业集群项目实现了基准利率放款,财政贴息贴费后的平均综合融资成本为4.06%左右。

**4. 风险管理**

山东农担建立"识、分、避、查、释、化"全流程风险管理体系,把风险研判、评估、处置责任机制落到实处。

(1) 识别风险。坚持道德风险"零容忍",对于自然风险、市场风险、经营风险坚持正确看待,通过找准险点、摸清规律、分类施策,把风险研判、评估、处置责任机制落到实处。

(2) 分散风险。与银行签订《银担互信协议》,将银担互信事项、错位把关内容、免责情形适用等内容以合同方式确立,为划分风险项目责任提供了依据。

(3) 避免风险。保前阶段通过对产业、产业集群、产业链深入调研,对目标客户群多维度筛选,避免出现系统性风险。

(4) 筛查过滤风险。保中阶段采取"大数据+人工"风险防控模式和"人机同行"的审查审批方式,对银行报送项目先通过预审系统的大数据手段筛查过滤风险,再进行人工审查复核,存疑的交由办理银行补充核实情况或管理中心进行现场命题尽调,通过对客户"软信息"交叉验证和"硬数据"科学判断防控风险。截至2022年年底,在审查审批环节,山东农担累计否决和退回有瑕疵项目19324笔、金额182.26亿元。

(5) 缓释风险。保后阶段通过大数据手段和精准人工调查进行保后管理,动态掌握客户经营情况和风险情况,及时进行风险预警和预防。

(6) 化解风险。对于风险项目区别对待,有经营能力的以"留住青山"为目标给予续贷续保;代偿项目按照合作协议,分清风险责任,并协同地方政府、合作银行共同追偿代偿。

## (三) 政策性绩效

### 1. 政策精准性

山东农担以贯彻落实国家和省强农惠农政策为宗旨,以政策性、专注性、独立性为功能定位,专注支持粮食生产经营和现代农业发展,为农业尤其是粮食适度规模经营的新型农业经营主体提供信贷担保服务,解决农业融资难、融资贵问题。

(1) 客户对象及其构成。山东农担按照"双控"规定开展政策性担保业务。按支持经营主体类型划分看[见图1(a)],截至2022年12月,公司支持家庭农场(种养大户)、家庭农场、农民专业合作社、农业企业的在保余额分别为417.51亿元、37.80亿元、25.63亿元、125.20亿元,占比分别为68.88%、6.24%、4.23%和20.66%。公司支持上述各类经营主体的项目数分别为84830、6969、3198和11753,占比分别为79.47%、6.53%、3.00%和11.01%[见图1(b)]。由数据可见,山东农担服务的主要客户群体是农担政策的重点目标人群。

(2) 业务范围、规模与结构。山东农担的服务范围为农业生产(包括农林牧渔生产和农田建设)及与农业生产直接相关的产业融合项目(指县域范围内,向农业生产者提供农资、农技、农机,农产品收购、仓储,突出对粮食、生猪等重要农产

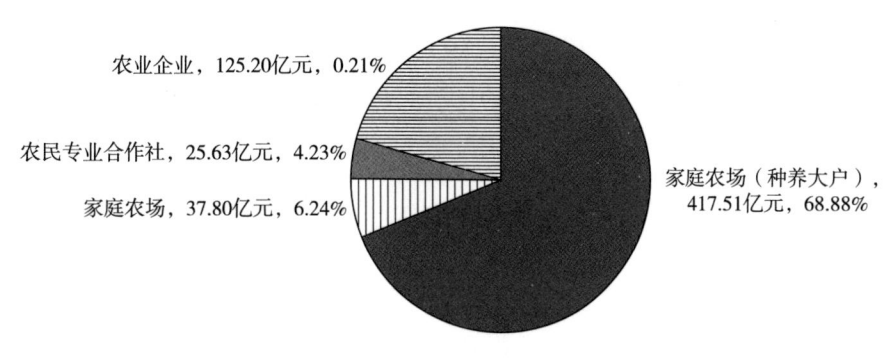

农业企业，125.20亿元，0.21%

农民专业合作社，25.63亿元，4.23%

家庭农场，37.80亿元，6.24%

家庭农场（种养大户），417.51亿元，68.88%

（a）在保余额（亿元）及占比

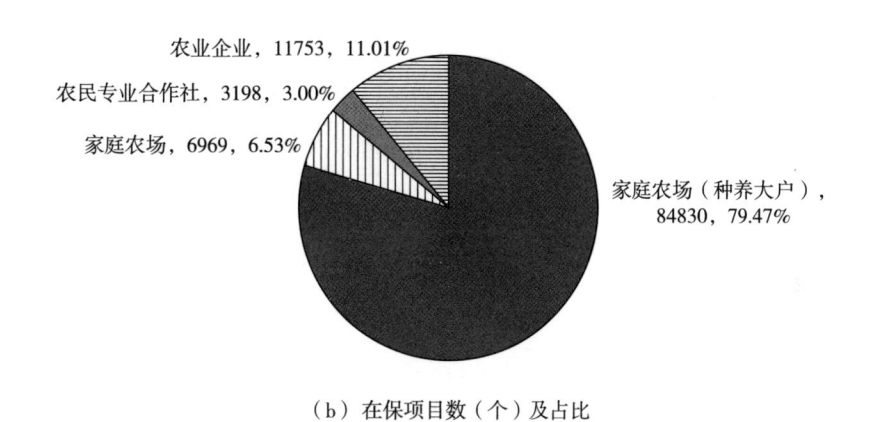

农业企业，11753，11.01%

农民专业合作社，3198，3.00%

家庭农场，6969，6.53%

家庭农场（种养大户），84830，79.47%

（b）在保项目数（个）及占比

**图1　山东农担各类农业经营主体在保余额及占比、在保项目数及占比（截至2022年12月）**

资料来源：山东省农业发展信贷担保有限责任公司。

保鲜、销售、初加工，以及农业新业态等服务的项目）品生产的支持。由图2可知，截至2022年末，山东农担支持业务范围内在保余额最多为农产品流通（136.93亿元，占比22.59%），其后分别是其他畜牧业（106.76亿元，占比17.61%）、特色农产品种植（101.79亿元，占比16.79%）、农产品初加工（92.21亿元，占比15.21%）、农业社会化服务（60.23亿元，占比9.94%）、粮食种植（51.05亿元，占比8.42%）、渔业生产（31.08亿元，占比5.13%）。此外，生猪养殖、农业新业态、农田建设和其他农业项目在保余额分别为22.01亿元、

3.28亿元、0.64亿元和0.18亿元，占比分别为3.63%、0.54%、0.11%、0.03%。从在保项目数量看，主要集中在特色农产品种植、其他畜牧业和农产品流通等领域，占比分别为28.06%、18.43%和15.60%。

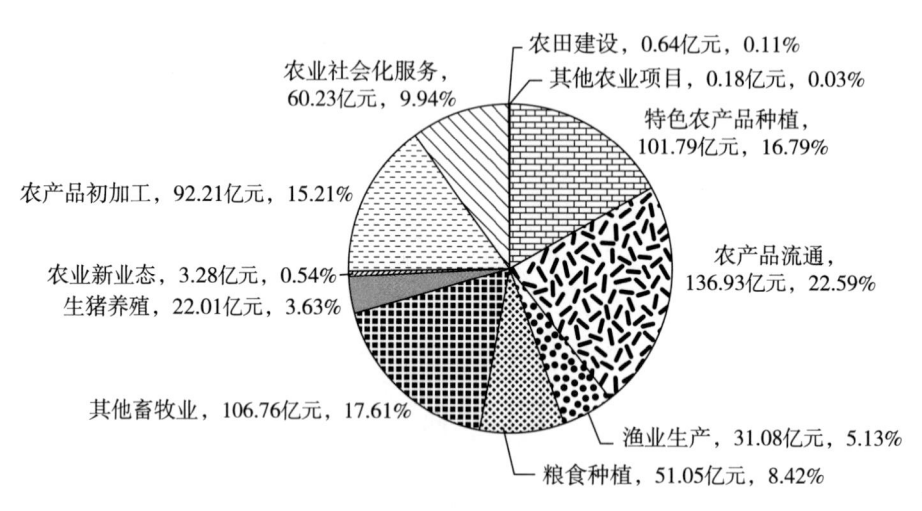

**图2　山东农担业务支持范围及占比（截至2022年12月）**

资料来源：山东省农业发展信贷担保有限责任公司。

### 2. 业务规模

（1）客户数量。山东农担的客户群体不断扩大，业务增长迅速，规模快速在全省内推开。如表1所示，2018—2022年，公司在保项目数分别为5835个、20693个、65098个、110347个、106750个。2018—2022年，全年新增项目数分别为5389个、17700个和52467个、82895个、71383个。每年客户量呈迅速增长态势。

表1　2018—2022年山东农担业务量情况　　单位：个、亿元

| 年份 | 在保项目数 | 在保金额 | 新增项目数 | 新增金额 |
|---|---|---|---|---|
| 2018 | 5835 | 16.70 | 5389 | 16.70 |
| 2019 | 20693 | 55.52 | 17700 | 50.11 |
| 2020 | 65098 | 277.00 | 52467 | 259.32 |

续表

| 年份 | 在保项目数 | 在保金额 | 新增项目数 | 新增金额 |
|---|---|---|---|---|
| 2021 | 110347 | 585.78 | 82895 | 529.94 |
| 2022 | 106750 | 606.15 | 71383 | 472.37 |

资料来源：山东省农业发展信贷担保有限责任公司。

（2）担保额。随着山东农担业务的深入开展，显著增加了农业经营主体贷款额度，有力促进缓解农业"融资难"问题。如表1所示，2018—2022年，公司在保金额分别为16.7亿元、55.52亿元、277亿元、585.78亿元、606.15亿元。2018—2022年全年新增担保金额分别为16.7亿元、50.11亿元、259.32亿元、529.94亿元、472.37亿元，年度新增担保额增长势头明显。

**3. 农业综合融资成本**

山东农担通过市场化运作，改变了原来银担合作中被动分险，在产品、客户、流程、规则等方面都须遵循银行标准的局面，转为农担主导银担合作模式、制定合作规则，实现了从被动到主动的突破性变化，平均担保费率、平均贷款利率、平均综合融资成本均持续下降。截至2022年，很多产业集群项目实现了基准利率放款，财政贴息贴费后的平均综合融资成本为4.06%左右①。由表2可知，2020年山东农担政策性担保业务平均担保费率为0.83%，平均贷款利率为5.6%，平均综合融资成本为6.43%；2021年平均担保费率为0.72%（比上年下降0.11%），平均贷款利率为5.17%（比上年下降0.43%），平均综合融资成本为5.89%（比上年下降0.54%）；2022年平均担保费率为0.72%，平均贷款利率为5.06%（比上年下降0.11%），平均综合融资成本为5.77%（比上年下降0.11%）。由此可见，山东农担业务对

---

① 《山东省农业信贷担保工作情况汇报》，2021年10月6日。

象的融资成本逐年降低，有效缓解新型农业经营主体"贷款贵"问题。

表 2    2020—2022 年山东农担融资成本    单位：%

| 年份 | 平均担保费率 | 平均贷款利率 | 平均综合融资成本 |
| --- | --- | --- | --- |
| 2020 | 0.83 | 5.60 | 6.43 |
| 2021 | 0.72 | 5.17 | 5.89 |
| 2022 | 0.72 | 5.06 | 5.77 |

资料来源：山东省农业发展信贷担保有限责任公司。

### 4. 履行社会责任与助力脱贫攻坚

山东农担非常重视企业社会责任。2018 年和 2019 年"温比亚""利奇马"台风灾害发生后，山东农担第一时间成立了支援灾区恢复重建工作领导小组，抽调骨干力量成立服务队，现场办公、现场尽调、现场审批。及时推出了贴费贴息高效率的"赈灾贷"产品，为灾区农民群众提供优质高效的信贷担保服务。灾后重建担保项目累计达 2.35 万个，担保金额超过 32.6 亿元，为灾区恢复生产、重建家园提供了资金支持。新冠疫情发生后，山东农担成立疫情防控领导小组，全力战疫情保春耕，研究推出担保费减半收取、简化续保条件和手续、申保基础材料容缺办理等 13 条便民利民措施，制订《统筹推进新冠肺炎疫情防控和担保工作方案》，全力支持农产品稳产保供和中药材产业发展，疫情期间增加担保贷款 20.4 万户、1253 亿元，此战疫情保春耕的实践案例被《人民日报》评选为"中国普惠金融典型案例"。

### 5. 支持农村集体经济发展

山东农担大力支持农村集体经济发展，围绕推动村集体发展壮大、农民收入稳定增长，积极促进模式创新、利益联结、资源整合，与省委组织部、农行山东省分行共同推出了"强村贷"的产品方案。"强村贷"是山东农担创新打造了"组织部门推荐+担保+农行贷款+财政贴息"的运行模式，符合"四星以上党支部""符合当地资源禀赋的产业""有经验的从业人员"等条件就能贷款，废除了原来"上年度经营额500万元""抵质押物"等门槛条件。截至2022年年底，已为全省2395家村党支部领办合作社提供担保贷款19.7亿元。

淄博市沂源县鲁村镇后坡村就是"强村贷"的受益者，该村是远近闻名的贫困村，一共80户、360亩地。两年前村集体收入为0元，而如今成为一个年销售收入400万元，村集体收入10万元的先进村，秘诀就是办理的50万元"强村贷"。后坡村通过党组织领办合作社，按照标准化方式种植蜜薯，并利用"强村贷"建立起了能够储存100万斤蜜薯的地窖，又购进了设备加工蜜薯条。通过党支部领办合作社，"强村贷"助力当地蜜薯产业形成了"育苗—种植—管理—收获—储藏—深加工—销售"一体化的产业链条，盘活了后坡村的闲置资产和闲散劳动力，切实推动了乡村产业发展，增加了农民收入。

## （四）可持续性绩效

**1. 业务质量**

（1）代偿率。随着业务规模的扩大，山东农担代偿金额、代偿项目数和代偿率呈现增加趋势。由于山东农担成立于2017年12月，按照业务发生时间看，2018年无代偿。2019年仅有1笔代偿，代偿金额为16.23万元，代偿率仅为0.01%；2020年代偿金额、代偿项目数和代偿率显著提高；2021年起，山东农担代偿金额、代偿项目数明显高于2020年年末数据，但代偿率却显著降低，2021年仅为0.20%，2022年为0.27%；从业务结构看，山东农担代偿主要是政策性业务，但从2020年起，也发生过政策外业务代偿。政策外业务代偿虽然项目数少，但代偿金额高，明显抬高了当年代偿率。

表3　　　　2019—2022年山东农担代偿情况　　单位：万元、个、%

| 年份 | | 2019 | 2020 | 2021 | 2022 |
|---|---|---|---|---|---|
| 全部业务 | 代偿金额 | 16.23 | 1913.19 | 4321.82 | 11980.91 |
| | 代偿项目数 | 1 | 59 | 115 | 283 |
| | 代偿率 | 0.01 | 0.51 | 0.20 | 0.27 |
| 政策性业务 | 代偿金额 | 16.23 | 1906.55 | 3737.02 | 11147.83 |
| | 代偿项目数 | 1 | 57 | 113 | 280 |
| | 代偿率 | 0.01 | 0.51 | 0.17 | 0.25 |
| 政策外"双控"业务（10万元以下） | 代偿金额 | — | 6.64 | 4.01 | 10.52 |
| | 代偿项目数 | — | 2 | 1 | 2 |
| | 代偿率 | — | 1.48 | 0.37 | 0.11 |
| 政策外"双控"业务（300万—1000万元） | 代偿金额 | — | — | 580.79 | 822.57 |
| | 代偿项目数 | — | — | 1 | 1 |
| | 代偿率 | — | — | 13.54 | 17.92 |

资料来源：山东省农业发展信贷担保有限责任公司。

（2）追偿率。山东农担持续加大代偿资产的清收追偿力度。2020年山东农担累计追偿项目6个，当年累计追偿金额49.73万元，考虑追偿的代偿率为0.49%。2021年，累计追偿项目47个，当年累计追偿金额394.02万元，考虑追偿的代偿率为0.18%，同比下降了0.31个百分点。2022年，累计追偿项目124个，当年累计追偿金额1216.73万元，考虑追偿的代偿率为0.26%。

表4　　　2020—2022年山东农担累计追偿项目情况

单位：个、万元、%

| 年份 | 累计追偿项目数 | 累计追偿额 | 考虑追偿的代偿率 |
|---|---|---|---|
| 2020 | 6 | 49.73 | 0.49 |
| 2021 | 47 | 394.02 | 0.18 |

| 年份 | 累计追偿项目数 | 累计追偿额 | 考虑追偿的代偿率 |
|---|---|---|---|
| 2022 | 124 | 1216.73 | 0.26 |

资料来源：山东省农业发展信贷担保有限责任公司。

**2. 经营管理效率**

随着山东农担业务发展壮大，业务受惠群体不断拓宽、政银担合作全面深化、产品与服务创新能力持续增强，公司管理体系尤其是风险管理和人力资源管理体系也不断完善。

（1）劳动生产率。2019—2022 年，山东农担公司人均劳动生产率提高。2019 年山东农担公司专职人员 178 人，2020 年专职人员 172 人，2021 年专职人员 186 人，2022 年专职人员 278 人；同期，人均在保余额为 3119.10 万元、18965.70 万元、31493.55 万元、21803.96 万元，2019—2022 年人均新增担保额度为 2815.17 万元、15076.74 万元、28491.39 万元、16991.73 万元，这反映了山东农担人均劳动生产率的显著提高。

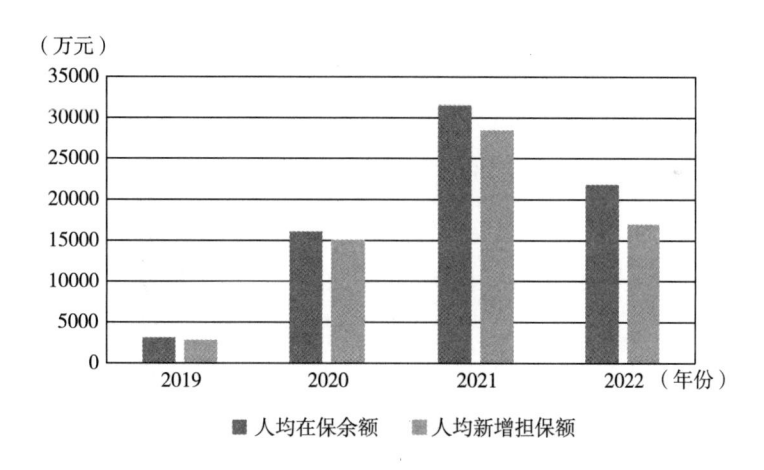

**图 3 2019—2022 年人均在保余额和人均新增担保额**

资料来源：山东省农业发展信贷担保有限责任公司。

（2）财政资金使用效率。从收入结构来看，财政资金是山东农担收入结构的重要组成部分，因此，有必要衡量财政撬动金融支农的效能。本报告用当年累计新增担保贷款额对当年财政资金总投入的比例来衡量①。当年财政资金总投入包括担保公司注册资本金、当年到位的中央和地方各级财政的担保费和业务奖补资金以及其他扶持资金。2019—2022年，山东农担的政策效能不断提高，由1.37倍扩大到10.04倍。

表5　　　　　　　　山东农担公司财政效能估算　　　　单位：亿元、倍

| 年份 | 注册资本金 | 累计财政奖补资金 | 累计新增担保金额 | 政策效能 |
| --- | --- | --- | --- | --- |
| 2019 | 36 | 0.6488 | 50.11 | 1.37 |
| 2020 | 36 | 2.15 | 259.32 | 6.80 |
| 2021 | 40 | 7.47 | 529.94 | 11.16 |
| 2022 | 40 | 7.06 | 472.37 | 10.04 |

资料来源：山东省农业发展信贷担保有限责任公司。

### 3. 数字化转型

山东农担制定了数字化转型发展战略，运用大数据等金融科技手段助力农担业务高质量发展。

（1）数字化转型总体思路。山东农担以"农村数字普惠金融先行者"为愿景，以"破解农业融资难、融资贵、融资烦"为使命，按照"急用先上、分类推进"的原则，稳步推进"业务信息化、流程自动化、风控智能化、产品线上化"，依托"十大攻坚行动"，形成"一个核心"即数据资产核心，建设"两个中台"即业务中台和数据中台，推动"三位一体"即山东农担、鲁担数科、鲁担产融，构建"四个体系"即数字化运营体系、产品体系、风控体系、人才体系。山东农担按照"十四五"数字化转型路线图，分三个阶段逐步实现数字化转型战略任务

---

① 这与国家政策的指标公式不同。国家农担政策关于政策效能的衡量中对于财政投入只考虑农担机构的注册资本金。

落地。第一阶段聚焦数据采集和汇聚、组织架构调整、研发流程规范化、风控模型规则化、用户画像标签化等；第二阶段聚焦数据治理、渠道整合；第三阶段强化数字化运营，建立闭环反馈流程与运作机制，实现客户全生命周期的数字化管理。

（2）系统信息化建设。传统担保业务实行线下作业，资料通过邮寄传输，依靠人工填写各类表单、法律文书，不仅耗费大量人力和资源，而且效率低、易出错，完全无法支撑山东省庞大的农业融资担保业务需求。为提升服务效率，增强农户获得感和体验感，山东农担依托鲁担数科公司，通过不断迭代升级，打造"鲁担厚植"担保业务管理系统及"鲁担惠农"移动小程序，搭载光学字符识别（OCR）证照识别、电子签章、线上签约、扫码付费等金融科技，并与省联社、邮储银行、省农行等主要合作银行进行系统打通，支持2.4万个银行客户经理在线处理业务，实现了客户申请、项目提报、风险审查审批、出具批复、签约收费、放款确认、客户贴息等业务节点流程自动串联、数据自动交互、业务全线上办理、银担自动对账等，通过数字化手段赋能一线，大大减少了业务人员工作量，简化了贷款办理手续，每人每天处理业务最大量从过去的8—10笔提升到25—30笔、单个项目平均办理时间从7—10天压缩到1—3天，业务办理效率大幅提升，农业贷款融资"烦"问题得到有效改善。

（3）数据采集应用。聚焦破解农村金融信息不对称和农村信用评价体系缺失等问题，通过打造数据中台，多渠道整合外部数据、联通公共数据、抓取产业链自动生成数据，开发预审系统、画像系统、客户关系管理（CRM）系统、保后大数据风险管理系统，围绕精准获客、智能审查分别开发保前、保中、保后风险模型，自动生成预审报告、大数据审查报告、多维度关联图谱、保后资产质量报告等，对客户进行全方位透视、全周期监测，实现"聚数、用数、活数"，用大数据看人看事看发展的能力不断提升，也让更多客户在数据要素的使用上获得了收益权。例如，推出的"农耕贷"产品，通过地力保护补贴、农业保险数据等交叉比对，形成白名单，批量推荐给合作银行，同时推进银担互联互通，实现了担保贷款线上操作、秒批秒贷、随借随还，客户不再需要找保人、找抵押物，切实享受到了数字化转型带来的红利。

（4）数字化客户直通平台。为进一步放大担保工具的撬动效应，搭建银行和客户的线上桥梁，增强客户的主动权和话语权，山东农担打造了"24小时不打烊"的客户直通平台，实现对客户需求的主动触达、快速响应和高效转化。客户只需在"客户直通"平台上注册并刷脸授权，简单填写申请信息，平台自动预审通过后，平台将根据客户申请金额及所在行业，差异化渐进式表单填写，自动关联关键数据，让数据多跑路、客户少跑腿。合作银行就像网上开店一样入驻平台"销售"贷款，客户可以货比三家，自主选择贷款银行，银行登录平台进行"抢单"，开展尽调核查及业务提报。农业经营主体通过手机扫码实现足不出户"网上购物式"贷款，自主选择银行、不再到处求人，大大增强了贷款易得性；而银行也可通过平台数据交叉比对、信息自动填充匹配减少资料提报、降低获客成本、提升了获客质量。截至2022年年末，"客户直通"已实现获客1.54万笔、金额127.7亿元，撮合成功1.06万笔、金额85.3亿元，成功率62%。

## （五）结论与启示

**1. 主要经验**

（1）紧密联系政府，争取优惠政策。一方面，积极争取财政支持，包括担保费补助、业务奖补资金，有些地市，如济宁、威海、日照等，甚至对担保费全额由市级财政承担。另一方面，争取货币政策支持。山东农担争取到人民银行支农支小再贷款机制，对符合再贷款条件的地方法人银行与山东农担开展的符合要求的政策性担保贷款，通过"先贷后借"申请使用再贷款资金的，人民银行予以足额报账支持，为农商行等地方法人机构拓展低成本资金来源。此外，山东农担还争取尽职免责政策，积极协调省地方金融监管局、省委组织部、省财政厅、省国资委四部门联合出台《政府性融资担保机构尽职免责工作指引》，规定年度代偿率未超过5%（含）的，在不违反有关法律法规和内部规章的前提下，不追究机构负责人的领导责任和相关部门管理人员的管理责任，进一步激发从业人员为农服务、干事创业的积极性。

（2）健全农担工作体系，形成省市县乡协同支农合力。山东农担在省—市—县—乡四个层面建立协调指导机制，并建立服务网络，深入农村，提供担保服务。此外，山东农担还建立了风险共担机制，有效防控风险。

（3）融入场景开发产品，更好地满足客户需求。与行业协会、龙头企业、乡土专家、省农联站、省妇联、省供销社等建立多方联动机制，开发相应农担产品，提高产品丰富度。同时，通过盘活农村资产，摸清产业规律、市场趋势、用款需求，创新传统金融产品，尽量解决担保期限与农业生产周期、需求无法精准匹配的问题，缓解贷款难。

（4）健全风险管理体系，维持公司经营安全性。通过制度建设、标准化产品流程和人机协同防范的方式，进行风险预警和预防。

（5）大力推进农担数字化转型，提高农担经营管理效率和风控能力。通过组建数科公司和数字化转型攻坚团队、信息化系统搭建、业务开展模式调整、优化风险审查流程、错位把关、大数据预审等方式，大大缩短了流程和时间，提高了业务审查审核效率、扩大了业务规模并利于防控风险。

**2. 启示**

全国各家省级农担公司均具有各自优势，山东农担发展对全国其他农担公司的启示主要在以下两个方面：

（1）与政府、合作银行建立紧密的关系，形成有效的政银担合作机制。山东农担按照"政府引导、市场运作、责任共担、风险共管"的原则，深化与政府、银行等金融机构的总对总合作，与地方政府和合作银行设定合理的风险分担比例，努力解决金融机构风险容忍度与农业高风险之间的矛盾，提高政策性农担机构"金融放大器"的作用，增强了银行等金融机构向农业提供资金支持的积极性和主动性。

（2）农担体系现仍处于成立初期阶段，应积极学习银行经验，扩大服务网络和业务能力。山东农担利用银行的网点及客户资源优势，快速发展业务，同时通过优质的服务，逐步提高客户对农担公司的黏性，从而逐步提高银担合作的主动地位，由初期依赖银行逐步向与银行平等合作，再到引导银担合作的方向转变。

（3）与银行共同设计推广金融支农惠农的政策性担保产品。山东农担突破传统合作模式，使农担和银行双方向分工、合作、互信方向调整，将业务流程的串联改为并联，提高服务效率。

（4）积极开展数字化转型。农担公司应顺应数字时代发展趋势，运用先进的数字技术，优化业务流程，在降低管理成本的同时，提升公司决策力和服务能力，同时，有利于加强外部监管。

# 十 浙江省农业融资担保有限责任公司

浙江省农业融资担保有限责任公司（以下简称浙江农担）自2016年9月成立以来，不断创新业务模式，大力推进数字化转型，形成了覆盖全省主要农业大县的业务网络，在人员有限的情况下实现业务快速上量，支持了本省新型农业经营主体和农业的发展，取得了显著成效，其经验值得总结与借鉴。

## （一）公司基本情况

### 1. 战略目标、定位与发展策略

浙江农担的总体发展目标是成为浙江省农村推进融资畅通工程的一个重要金融基础设施，坚持"政策性、专注性、独立性"的基本定位，按照"政策性导向、市场化运作、可持续发展"的总要求，聚焦支农主业，潜心服务"三农"主体，专注为新型农业经营主体提供信贷担保服务，并积极创新产品及服务模式，助力构建市场化资金进乡村的长效机制，着力破解农业融资难、融资贵难题。

浙江农担的发展策略主要包括三个方面：一是坚持政策性定位。即围绕新型农业经营主体，推进农担政策与支农政策融合，坚持小额分散的业务方向。二是坚持数字化发展，以数字化改革为核心，深入推进数字农担建设，持续优化大数据担保模式，开发"浙里担"应用，打造财政金融协同支农一体化平台，保持全国农担数字化发展领头羊的地位。三是坚持协同发展。强化省市县协同、政银担合作，深化拓展与浙江省供销社、浙江省级农民合作经济组织联合会（以下简称浙江省农合联）"三位一体"改革的协同，拓展与农业供应链核心企业的合作，强化省市县联动。

**2. 股权与治理结构**

（1）股权结构。2016年，浙江农担由浙江省财政厅履行出资人职责，利用浙江省粮食适度规模经营专项资金投入首期注册资本金4.2亿元。2017年年底，浙江省农村信用社联合社（现改制为浙江省农村商业联合银行股份有限公司）出资入股1亿元。2022年8月，浙江农担的注册资本达到14.2亿元，除浙江省农村信用社联合社出资入股的1亿元外，其余均为浙江省财政厅出资。

（2）治理结构。参照建立现代企业制度的要求，浙江农担建立了符合公司发展实际的独立法人治理结构、标准化机构体系和有针对性的监管机制。公司独立运营，法人独立、管理独立、财务独立、业务独立并且考核独立，股东会下设董事会、监事会和经营管理团队，党组织支委会是公司的最高决策机构。

（3）业务部门设置及其职能。公司内设政策业务部（信息技术部）、机构合作部、大数据风控部三个业务部门。政策业务部（信息技术部）主要负责农担业务与数字化协同发展、管理，研究政策，研发产品，大部分银行的业务，做好信息化建设等工作；机构合作部负责农担体系建设、政银担合作、部分银行业务、非银机构合作等工作；大数据风控部负责风险管理、风险审查、内部控制、合规管理等工作。

**3. 业务网络**

（1）网点数量及分布。浙江农担围绕深化"三位一体"改革，与浙江省农合联开展全面合作，同时结合政银担试点工作与各市县当地担保机构开展业务合作，建立公司办事处。截至2022年年末，浙江省农担联合各市、县（区）农合联、担保机构在全省（不含宁波）建成办事处49家、代办点35家，覆盖了全省全部重点农业县（市、区）。

（2）合作银行数量与类别。浙江农担成立初期，合作银行只有浙江农商行、农业银行和邮储银行三家，后续与其他大、中、小商业银行以及政策性银行合作。截至2022年12月，公司与农商行、农业银行、邮储银行等86家（含73家农商行）银行开展业务合作。

### 4. 人力资源

浙江农担在市、县（区）层级开设办事处或代办点作为基层抓手。2019年，浙江农担有专职人员22人，兼职人员180人，共202人；2020年，专职人员31人，兼职人员188人，共219人；2021年，专职人员36人，兼职人员212人，共248人；2022年，专职人员39人，兼职人员205人，共244人。

## （二）业务模式

### 1. 目标客户和业务范围

浙江农担严格执行农担政策的"双控"标准，近年来政策内业务比例始终高于99%。截至2022年12月底，所有业务均符合政策性农业范围，即服务范围限于粮食生产、畜牧水产养殖、菜果茶等农林优势特色产业，农资、农机、农技等农业社会化服务，农田基础设施，以及与农业生产直接相关的第一、第二、第三产业融合发展项目，家庭休闲农业、观光农业等农村新业态；担保服务对象为家庭农场、种养大户、农民合作社、农业社会化服务组织、小微农业企业等农业适度规模经营主体；

政策内业务在保余额在 10 万—300 万元。

**2. 与地方政府的合作**

浙江农担争取地方各级政府支持，建立了政银担合作机制。各地财政在大数据、信用信息平台等方面为浙江农担体系建设提供了相关支持。

（1）政银担合作机制。2020 年 5 月起，浙江省财政厅与农业农村厅联合在全省推进基层农担服务创新试点工作，通过财政、银行、担保机构多方合作，建立省市县协同、政银担合作的服务模式。

一是设立省地风险资金池，风险共担。以兰溪市为例，在省财政给予资金扶持基础上，由兰溪市财政局安排出资，并视业务发展规模持续扩充风险池资金，风险池资金由兰溪市农信担保公司在合作银行设立风险池补偿金专用账户存放，担保规模按风险池资金规模的 40 倍放大。政银担合作项目一旦发生代偿风险，省地风险池资金承担 30% 的补偿，合作银行承担 20%，省农担公司和市农担公司各承担 25%。

二是财金支农政策协同，降低客户成本。以常山县为例，常山县财政局出台各项补助政策，给予合作银行的担保贷款客户 1.8% 的贷款贴息，按业务在保规模给予办事处 1.2% 的补助，在降低农业主体融资成本的同时，促进常山办事处、合作银行持续推动政银担工作。

三是强化数字赋能，提升质效。一方面浙江农担依托"浙里担"应用，将数据开放给办事处和合作机构，通过打通银担双方业务系统，实现担保申请审批、合同签订等环节的全线上办理，极大提高办理效率；另一方面浙江农担依托当地农合联设立基层办事处、代办点，完善了基层农担服务体系建设，提升服务精准性。

（2）大数据和信用信息平台应用。浙江农担利用海量的农业数据、政务数据与第三方数据，建立了农业经营主体数据库，再结合农业产业大数据，建立了农业经营主体信用评价体系，开发了反欺诈、风险预警等风控模型，建成了"浙里担"支农服务平台。浙江农担在2019年成功接入中国人民银行企业和个人征信系统，能够获取企业和个人经营主体的基本信息及信用状况。2021年，浙江农担在前期接入人民银行征信系统基础上正式获取个人征信查询权限，并且实现首笔个人担保客户征信报告查询，成为全国农担体系首家获得征信查询权限的农担公司和省内首家获得该权限的担保公司，由此可以为农业经营主体精准"画像"。

浙江农担还利用浙江省金融综合服务平台（以下简称"金综平台"）、农业农村部信贷直通车（以下简称"直通车"）渠道，充分发挥线上办理贷款的优势，有效提升金融服务效率。金综平台是由省银保监局会同省发改委、省大数据局等部门共同建设。目前该平台已实现的功能主要有：信息共享、供需对接、"总对总"抵押登记及注销三大核心功能。直通车是农业经营主体获得贷款的一个优质申请渠道，客户通过直通车申请贷款后，银行可以根据客户的资金需求、资信状况等，向农户提供小额信用贷款或者政银担贷款服务。一般农户小额信用贷款在30万元以内，如果超过这个额度且客户资质一般，也可以通过政银担的方式，得到农担担保，从银行获得贷款。

**3. 与银行的合作**

浙江农担通过"总对总"谈判的方式与各商业银行达成战略合作协议，搭建银担合作框架，在客户推荐、担保比例和费率、贷款期限、审批流程、产品和服务创新、代偿比例和保后追偿等方面进行沟通和协调，使农业担保充分发挥有利作用。

（1）获客与保前审核。在银担合作模式下，浙江农担与合作银行共同开发担保贷款产品。在获客阶段，银担合作模式为互荐客户。在此模式下浙江农担与合作银行先各自获取客户，随后互相推荐，但通过合作银行获取客户占比略多。合作银行对目标客户的信用状况及生产经营情况等展开尽调，将符合准入门槛的客户名单推荐给农担，与农担共享农户信息。后续合作银行也会协助办理法律法务手续等。

值得注意的是，在调查审批阶段，浙江农担进行银担审批流程一体化再造尝试，以此简化流程、提高效率。简而言之就是，银行作为业务发起端，负责收集信息资料，银担融合共同开展风控，将风控模型嵌入银担合作的流程中。对小额担保项目，经风控模型审批和银行内部审批，银行收到电子担保函并收妥担保费后直接放款；对大额项目，由银行向浙江农担提交电子调查资料，经农担公司现场调查或线上审核通过后通知银行放款，并由银行代为扣除担保手续费。这种合作方式变事后审查为事前准入，由担保机构和银行双方签订协议，确定担保贷款对象、范围、额度和准入标准，并约定担保免责情形，再对业务流程进行整合、合并和大幅度精简。

在出具担保函阶段，农担机构向银行提供电子担保函，最后发放贷款时，由银行将贷款资金支付给担保客户。由此可见，银担合作模式下，农担处主要负责事前的审批并开设业务审批绿色通道，从而与合作银行形成深度互信合作机制。这种被重新定义后的银担合作关系，最终浓缩成16个字：银行主体、担保赋能、错位把关、交叉验证，目的就是"利益捆绑、准入明确、免责约束"。

（2）放大比例和分险比例。截至2022年12月末，浙江农担的担保放大倍数达到8.47倍，处于较高水平。浙江农担与合作银行设定合理风险分担机制，同时实现双方利益共享，提出"降低利率上浮比例、取消保证金要求，适度分担风险"的银担合作原则。在风险共担机制方面，银担合作分险比例均为2∶8。

（3）代偿与追偿。在银担合作模式下，浙江农担对在保项目开展业务抽查，了解项目运作情况，关注风险变动情况，梳理存在的问题，及时和银行沟通整改。如有客观因素导致客户违约，浙江农担可与银行商定为其提供展期等救助；如是客户主观意愿上不愿还款，则由银行进行催收。最后，对于未能在约定期限内偿还的担保贷款，浙江农担机构将确实无法追回的部分按照约定比例代替客户偿还。

发生代偿后，浙江农担与银行和地方政府联合追偿，并争取相关政府部门取消对失信被担保人的奖补及相关荣誉，加大惩戒力度，注重查找债务人的财产线索或政策补贴等其他还款来源，执行反担保措施，对代偿支出进行索赔。

### 4. 与浙江省农合联的合作

由于浙江农担专职人员较少，机构体系的完善、基层网点的建设工作依托浙江省农合联系统、地方农业担保机构展开。从2018年开始，浙江省农合联与浙江农担本着"体系共建、资源共享、优势互补、协力为农"的原则，在地方农合联建立省农担办事处或代办点，场所和人员皆由地方农合联提供，各分支均无专职人员，但双方共同制定业务目标以及人员和机构考核办法。地方农合联在基层便于获取农业经营主体的资金需求，从而履行了农担基层组织机构的职责，形成了独立运行、覆盖完善的组织机构体系。

### 5. 产品种类和特点

根据浙江省农业生产实际，浙江农担开发推出了手续简、门槛低、费率低的"浙里担"系列产品，担保产品在细节的设定上各具特色，表1展示了浙江农担业务规模较大的几种主要产品在服务对象、合作银行、贷款利率、担保费率、担保额度、抵（质）押要求等方面的情况。

表1　　　　　　　　　"浙里担"系列产品

| | 粮农贷 | 新农贷 | 财农贷 |
|---|---|---|---|
| 服务对象 | 为全省范围内从事水稻、大小麦、旱粮等粮食生产经营的农业主体提供的担保贷款 | 种养大户、家庭农场、农民专业合作社、农业社会化服务组织、小微农业企业等新型农业经营主体 | 获得财政支农补助政策支持的项目建设主体 |
| 合作银行 | 全部合作银行 | 全部合作银行 | 大部分合作银行 |
| 贷款利率/年 | LPR（粮食生产贷款省财政贴息3%且不超过贷款利率的70%） | 不超过8%/年 | |
| 担保费率 | 0.5% | 0.8% | 0.8% |
| 担保额度 | 10万—300万元 | 10万—300万元 | 不超过项目能获得的财政补助总额，一般为10万—1000万元 |
| 抵（质）押物 | 无须提供抵质押物 | | 无抵押物，以申请主体的财政支农补助资金为质押 |

资料来源：浙江省农业融资担保有限责任公司。

## 6. 风险管理的方式方法

在风险管理方面，浙江农担将"有规模、有经验、有效益、无不良"作为评判风险的重要标准，从"看人""看事"两个维度识别风险，合理设置担保准入条件，对客户进行综合风险评价。

（1）反担保。浙江农担积极采用家庭信用反担保措施降低业务风险，通过家庭信用反担保措施，曾经有过贷款的农业经营主体的平均担保贷款期限有所延长、担保额度有所提高、还款方式更为丰富。结合合作银行上报项目的特点，浙江农担还开发了财政补助收益权等新型反担保措施，同时可要求成年子女、家庭成员等作为共同还款人，增强第二还款来源保障，违约后共同还款人也会列入失信人名单。此外，反担保措施中较有特点的"财政补助收益权反担保"体现在有财政支农政策嵌入的"财农贷"产品中,该产品主要为解决农业项目实施前期的经费缺口问题,产品服务对象为获得财政支农补助项目支持的新型农业经营主体。经营主体提供相关部门的证明文件后申请"财农贷"担保服务,以预期的财政补助资金作为质押获得担保贷款,贷款额度不超过所获财政补助总额,农担开立专门的贷款监管账户,后期项目验收通过后,财政补助资金不再经过经营主体,而直接划至贷款专户用于还款,形成了资金闭环。

(2)大数据风控。浙江农担紧抓浙江省数字经济先发优势,推进新型农业经营主体信用评价体系建设,创新大数据风控手段与新工具,实现保前识别风险、保中监测风险、保后预警风险的功能。保前阶段将具有不良信用和行为记录的客户予以排除,科学设定担保业务准入门槛,降低银行转嫁风险的概率;保中阶段运用信用评价模型对担保客户进行综合评价、输出机调报告,降低人工调查成本;保后阶段银行方及时将担保贷款余额变化和五级分类信息传输给浙江农担,浙江农担结合人工监测,能够随时掌握担保贷款还本付息及风险分类变化情况,降低银担信息不对称的风险。

(3)追偿。浙江农担委托律师事务所对代偿项目分别采取短信催收、电话催收、上门催收及诉讼施压等多方位催收手段分类进行催收,尤其加大对大额、重点项目的追偿力度,并对代偿项目采取"自主追偿+委托追偿+银行追偿"的多渠道追偿方式,以发挥政银担合力,强化追偿工作。

## (三)政策性绩效

**1. 政策精准性**

浙江农担专注服务农业适度规模经营主体,支持粮食生产经营和现代农业发展,将政策精准性充分发挥至最大限度。

(1)客户对象及其构成。浙江农担按照"双控"规定开展政策性担保业务。按支持经营主体类型划分看[见图1(a)]，2021年公司支持种养大户、家庭农场、农民专业合作社、农业企业的在保余额分别为48.08亿元、14.52亿元、4.44亿元、15.32亿元，占比分别为58.38%、17.63%、5.39%和18.60%。公司支持上述各类经营主体的项目数分别为17223个、4292个、1048个和2712个，占比分别为68.14%、16.98%、4.15%和10.73%[见图1(b)]。

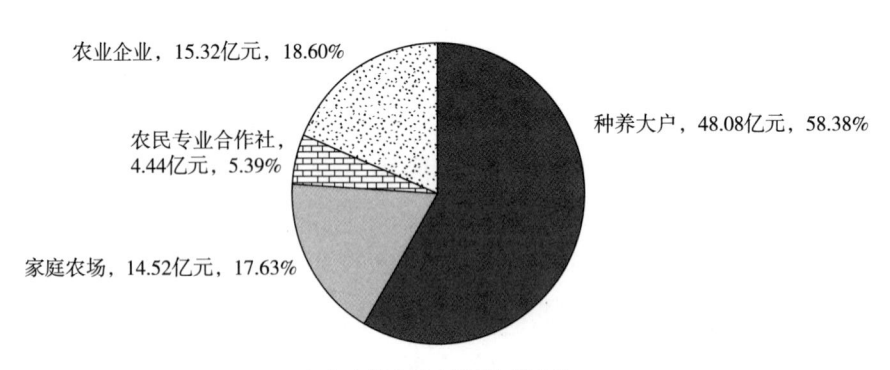

(a) 在保余额（亿元）及占比

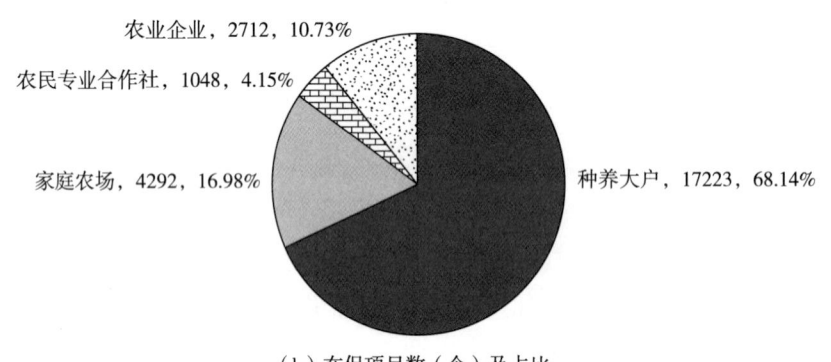

(b) 在保项目数（个）及占比

**图1 2021年浙江农担客户在保项目构成**

资料来源：浙江省农业融资担保有限责任公司。

（2）业务范围与结构。浙江农担将业务范围聚焦于农林业生产、畜牧业生产、渔业生产、农田建设、农资、农机、农技等农业社会化服务，还有家庭休闲农业、观光农业等农村新业态等。由图2可知，2021年年底，浙江农担支持业务范围内在保余额最多为重要特色农产品种植（38.76亿元，占比47.06%），其后分别是农产品流通（13.58亿元，占比16.49%）、渔业生产（7.82亿元，占比9.49%）、粮食种植（5.48亿元，占比6.65%）、其他畜牧业（4.74亿元，占比5.76%）、生猪养殖（3.6亿元，占比4.37%），此外，农业新业态、农产品初加工、农业社会化服务、农田建设等项目在保余额分别为3.26亿元、2.77亿元、2.23亿元和0.12亿元，占比分别为3.96%、3.36%、2.71%、0.15%。可见，浙江农担按照国家政策要求，结合当地农业特点，重点关注农林优势特色产业、生猪养殖等重要项目。

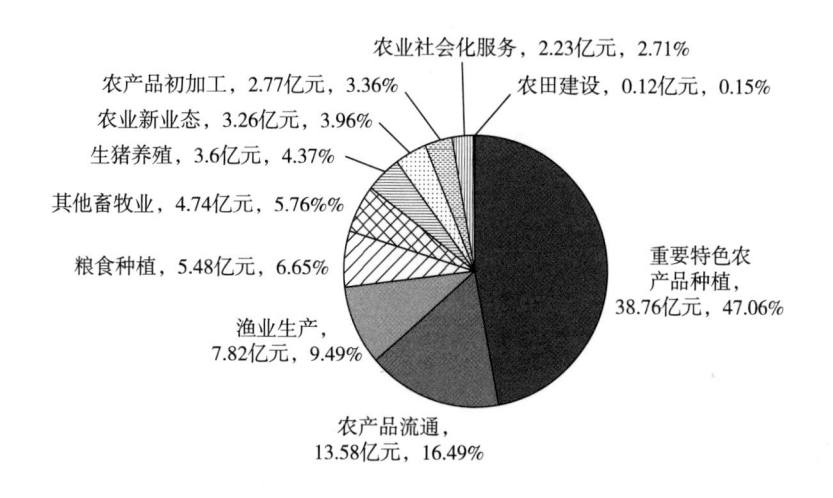

**图2　2021年浙江农担业务支持范围构成**

资料来源：浙江省农业融资担保有限责任公司。

### 2. 业务规模

浙江农担自成立以来业务规模增长迅速。如表2所示，2017—2022年，在保户数分别为944个、4891个、15701个、20388个、25275个、30660个，累计达71195个，年均增幅达到136.56%；在保余额分别为4.23亿元、14.44亿元、39.76

亿元、55.37亿元、82.36亿元和117.34亿元，累计担保额达259.95亿元，年均增幅达到127.67%。

表2　　　　　　　　2017—2022年浙江农担业务量　　　　单位：亿元、个

| 年份 | 累计担保额 | 累计项目数 | 在保余额 | 在保项目数 |
| --- | --- | --- | --- | --- |
| 2017 | 4.25 | 961 | 4.23 | 944 |
| 2018 | 18.74 | 5820 | 14.44 | 4891 |
| 2019 | 53.69 | 19347 | 39.76 | 15701 |
| 2020 | 92.54 | 31686 | 55.37 | 20388 |
| 2021 | 153.62 | 46389 | 82.36 | 25275 |
| 2022 | 259.95 | 71195 | 117.34 | 30660 |

资料来源：浙江省农业融资担保有限责任公司。

### 3. 客户综合融资成本

由表3可知，浙江农担客户的融资成本不断降低，2020—2021年，客户承担的平均担保费率从0.72%降至0.63%，平均贷款利率从5.78%微升至5.85%，平均综合融资成本从6.50%降至6.48%，降低了0.02个百分点。

表3　　　　　2020—2021年浙江农担客户融资成本　　　　单位：%

| 客户融资成本 | 2020年 | 2021年 |
| --- | --- | --- |
| 平均担保费率 | 0.72 | 0.63 |
| 平均贷款利率 | 5.78 | 5.85 |
| 平均综合融资成本 | 6.50 | 6.48 |

资料来源：浙江省农业融资担保有限责任公司。

### 4. 推动地方特色产业发展

浙江农担通过贷款担保，变"输血"为"造血"，大力支持

地方特色农业做大做强。例如，在浙江省龙游县，作为浙江农担在当地的办事处兼合作伙伴的昊诚公司重点支持当地生猪养殖、渔业养殖、中草药种植、柑橘新品种改良等特色农业发展。自2021年下半年以来生猪价格持续下降，较长时间销售价低于成本价，生猪养殖业受到较大打击。昊诚公司在走访生猪养殖协会后，加大了对生猪养殖业担保投入，累计为30多户生猪养殖企业及农户提供了3328万元贷款担保，帮助生猪养殖户度过行业低谷期，稳住了当地生猪存栏量。再如，中草药种植、柑橘新品种改良投入大、收效慢，这些行业需农户持续的资金投入，对农户形成较大资金压力，2021年昊诚公司共为中草药种植批量担保20余户，担保金额共计1810万元。

**5. 支持农村集体经济发展**

浙江农担也积极探索支持农村集体经济发展。兰溪市黄店镇王家村坐落在风景优美的白露山入口处，地理位置优越，在民居民宿及旅游方面独树一帜，但是村集体经济收入一直很少，前些年一直不足10万元，被定为省级集体经济薄弱村，在对外融资中面临没有有效担保物的困境。为开发旅游民宿项目，从2019年起王家村股份经济合作社经浙江农担担保，先后向银行获得贷款资金800万元，用于改造升级农家乐普通民宿，打造"农旅黄店，康养王家"的旅游品牌，直接促成了旅游民宿项目的成功开发，既带动了村民的增收致富，也壮大了村级集体经济的发展，村集体经济收入稳步增加。2021年王家村集体经营性收入已近40万元。

## （四）可持续发展绩效

**1. 业务质量**

（1）担保贷款逾期率。浙江农担的担保贷款质量一直保持比较良好状态。2019—2022 年，当年新增担保逾期额分别为 882.01 万元、3854.8 万元、8709.5 万元、8695.26 万元，年末逾期率分别为 0.13%、0.28%、0.58%、0.34%。

表 4　　　　浙江农担 2019—2022 年新增担保逾期情况　　单位：万元、%

| 年份 | 新增逾期额 | 年末逾期率 |
| --- | --- | --- |
| 2019 | 882.01 | 0.13 |
| 2020 | 3854.8 | 0.28 |
| 2021 | 8709.5 | 0.58 |
| 2022 | 8695.26 | 0.34 |

资料来源：浙江省农业融资担保有限责任公司。

（2）代偿率。由表 5 可见，2019 年公司累计代偿项目 30 个、金额 569.35 万元，当年代偿率 0.59%；2020 年公司累计代偿项目 138 个、金额 2800.66 万元，当年代偿率 1.2%；2021 年公司累计代偿项目 251 个、金额 5528.66 万元，当年代偿率 1.62%。由数据可见，年代偿率逐年增加。截至 2022 年年末，公司当年累计代偿项目 431 个、金额 8341.35 万元。自公司成立以来累计代偿项目共 855 个、金额合计 17306.91 万元，累计代偿率为 1.21%。从代偿金额来看，代偿项目平均额度为 20.24 万元，与公司业务发展模式相符。表 6 列出了 2018—2021 年浙江农担与全国农担代偿率比较，可以看出浙江农担的代偿率在全国农担体系内位居前列。

表 5　　　　2019—2021 年浙江农担代偿与追偿情况

单位：个、万元、%

| 年份 | 当年代偿项目 | 代偿金额 | 当年代偿率 |
| --- | --- | --- | --- |
| 2019 | 30 | 569.35 | 0.59 |
| 2020 | 138 | 2800.66 | 1.2 |

续表

| 年份 | 当年代偿项目 | 代偿金额 | 当年代偿率 |
|---|---|---|---|
| 2021 | 251 | 5528.66 | 1.62 |

资料来源：浙江省农业融资担保有限责任公司。

表6　　2018—2021年浙江农担与全国农担代偿率比较　　单位：%

| 年份 | 2018 | 2019 | 2020 | 2021 |
|---|---|---|---|---|
| 全国农担体系 | 1.98 | 1.61 | 1.5 | 1.4 |
| 浙江农担 | 0.16 | 0.59 | 1.2 | 1.62 |

资料来源：国家农业信贷担保联盟有限责任公司、浙江省农业融资担保有限责任公司。

**2. 经营管理效率**

浙江农担的人员分为专职和兼职人员，2019—2021年，专职人员从22人增长到36人，兼职人员从180人增至212人。其间，按人均客户数量和人均担保额计算的人均劳动生产率呈现不同的变化趋势。2021年专职人员和全员的人均新增担保户数都少于2019年，但是人均新增担保额有较大幅度的增加，这说明在此期间浙江农担的客户经营规模有所扩大，或者说，浙江农担支持了更多经营规模更大的农业经营主体。

表7　　浙江农担2019—2021年劳动生产率年度比较　单位：户、万元

| | 年份 | 2019 | 2020 | 2021 |
|---|---|---|---|---|
| 专职人员生产率 | 年末人均客户数 | 714 | 971 | 702 |
| | 人均在保余额 | 18073.88 | 17859.89 | 22877.30 |
| | 当年人均新增担保户数 | 615 | 398 | 408 |
| | 当年人均新增担保额 | 15883.70 | 12535.07 | 16963.73 |
| 全员劳动生产率 | 年末人均客户数 | 78 | 93 | 102 |
| | 人均在保余额 | 1968.44 | 2528.11 | 3320.90 |
| | 当年人均新增担保户数 | 67 | 56 | 59 |
| | 当年人均新增担保额 | 1729.91 | 1774.37 | 2462.48 |

资料来源：浙江省农业融资担保有限公司。

## （五）结论与启示

**1. 主要经验**

浙江农担充分利用政策优势，与多主体协作，打造了数字化业务模式，并根据客户需求特点设计产品，以有限的人力实现了大规模的业务量，为政策性农担可持续性发展提供了有益经验。

（1）通过大数据助力提升风险管理效果。浙江农担充分将政府部门、金融机构、征信机构等多方丰富的大数据信息进行归并、整合和治理，构建大数据风控模型，将业务流程线上化，不仅提高了工作效率，也有效降低了代偿风险。目前浙江农担风控模型审核不通过率为7%左右，通过历史数据验证能够有效降低代偿风险20%，同时向合作银行进行风险提示，赋能合作银行强化风险防控。

（2）多方合作建立支农生态圈。浙江农担根据本身农业发展特点和机构自身员工数量有限的实际情况，与政府部门、银行、农合联、基层农担体系以及产业链核心企业等多个主体共同推进，搭建起"浙里担"综合业务模式，而不是"单打独斗"，形成多方相互赋能的支农生态圈。

（3）利用银担互信降低交易成本。在传统担保业务中，担保机构和银行双方独立尽调、各自审批，操作效率相对较低，交易成本较高。浙江农担与合作银行有序分工，各自负责自身擅长的领域，在风险分担机制的约束下，一些重复性的工作可以通过双方的信息共享进行简化，这在提高业务效率的同时，也大大降低担保贷款业务各方的交易成本。

（4）开发特色化产品。在"浙里担"平台的基础上，浙江农担开创一系列特色化产品以满足服务对象需求。一是在产品的设计上，保证了低费率和低门槛，符合其政策性定位。二是根据不同服务对象的特有属性、生产经营习惯或规律、需求特征等实际情况，在担保额度、担保期限的设定上进行个性化设计，最大限度地满足其融资需求。

**2. 需要进一步解决的主要问题**

（1）需要政府保持支持力度。农担客户群体的整体风险水平高于银行的非担保农业客户群体，代偿压力大；同时，因为农担公司服务的农业经营主体众多，多位于基层，分布广泛，所以农担公司就需要将网点深入基层，以方便推介、获客和提供服务，经营成本高。因此，若缺乏政府财政支持，农担公司自身难以持续经营。因此，浙江农担需要政府部门能够长期保持农担业务的财政支持力度，支持其持续发展，发挥应有作用。

（2）农担专业人才的培养。由于农业特殊的不确定性和高风险性，农担公司不仅需要其他担保公司同样需要的金融、担保和法律等方面的人才，还需要熟悉农业生产经营等涉农专业知识的人才。浙江农担的人才结构需要继续优化，除了在岗培训与锻炼外，还可与高校进行合作培养专业人才，保证专业人才的供给。

# 参考文献

本书编委会编著：《新时代中国特色农村金融创新研究》，中国金融出版社 2023 年版。

冯林：《政策性农业融资担保有效运行模式研究》，经济科学出版社 2022 年版。

冯林、朱艳静：《双重目标冲突下农业政策性担保运行机制研究——基于新型农业信贷担保的山东实践》，《农村金融研究》2021 年第 5 期。

高玉强：《农业补贴：效率测度与制度优化》，经济管理出版社 2021 年版。

耿仲钟、肖海峰：《农业支持政策改革：释放多大的黄箱空间》，《经济体制改革》2018 年第 3 期。

郭涵：《攻防 2021：县域金融的市场变局》，《中国农村金融》2021 年第 24 期。

国家农担公司：《农担发展纵横》2021 年第 13 期（总第 13 期），2021 年 9 月 10 日。

国家农业信贷担保联盟有限责任公司：《国家农担：专注"支农、支小"推动资金"下乡入村"》，《农村工作通讯》2023 年第 8 期。

国务院发展研究中心金融研究所：《通过融担促进普惠信贷研究报告》，2019 年 10 月。

黄季焜等：《粮食直补和农资综合补贴对农业生产的影响》，《农业技术经济》2011 年第 1 期。

霍禹光：《人民法院执行难的成因及解决办法》，《法制博览》2022 年第 7 期。

纪漫云等：《江苏农业信贷担保运作模式比较分析》，《江苏农村经济》2016 年第 4 期。

姜亦华：《国外农业补贴趋向及其启示》，《学术界》2005 年第 1 期。

《龙江农担五年助农三百亿》，《黑龙江日报》2020 年 12 月 29 日第 3 版。

李强：《农业担保在解决农村融资难和支持"三农"发展中的实践与思考——以乐山巨星畜牧投资担保公司为例》，《西南金融》2010 年第 10 期。

梁鸿飞：《西方信贷融资担保理论》，《北京大学学报》（哲学社会科学版）2003 年第 1 期。

刘志荣：《农业信贷担保服务体系建设的模式、困境及发展选择》，《江淮论坛》2016 年第 3 期。

孟光辉等：《中国政策性农业信贷担保机构运行效率研究》，《经济与管理评论》2022 年第 6 期。

农业农村部对外经济合作中心：《金融支持新型农业经营主体模式研究》，中国财经出版传媒集团、中国财政经济出版社 2021 年版。

农业农村部政策与改革司、中国社会科学院农村发展研究所：《全国家庭农场监测报告（2018 年）》，中国社会科学出版社 2018 年版。

亓浩等：《贷款利率市场化与农村金融机构回归本源》，《世界经济》2022 年第 11 期。

曲哲涵：《政府性融资担保撬动资金流向小微企业、"三农"等领域——扶小助农，财政资金四两拨千斤》，《人民日报》2022 年 1 月 22 日第 2 版。

石宝峰等：《政策性农业融资担保公司运行效率研究》，《东方论坛——青岛大学学报》（社会科学版）2023年第2期。

Sarah Gray 等著：《小型/微型企业担保基金操作指南》，中国国际经济技术交流中心、中国经济技术投资担保有限公司、北京大学中国中小企业促进中心译，经济科学出版社2022年版。

王永聪、何帅：《大型银行下沉行为对中小银行信贷服务的影响研究——基于 Lotka-Volterra 种群竞争模型》，《金融经济》2021年第9期。

魏后凯：《新中国农业农村发展研究70年》，中国社会科学出版社2019年版。

魏后凯等：《中国乡村振兴综合调查研究报告·2021》，中国社会科学出版社2022年版。

肖宗富等：《激励机制与创新路径：农业担保公司个案研究》，《金融理论与实践》2007年第2期。

许黎莉等：《"担保支农"增加了谁的信贷可得？——基于信息甄别视角的机制检验》，《华中农业大学学报》（社会科学版）2023年第2期。

许庆胜：《我国民事诉讼执行的困境及完善路径》，《法制博览》2023年第4期。

许伟河：《经济新常态下融资担保机构发展路径探索与思考——以福建省为例》，《福建金融》2016年第10期。

杨久栋：《"农业信贷直通车"授信突破1000亿元》，《农民日报》2023年1月3日第2版。

翟睿：《我国担保行业发展现状与前景分析》，《时代金融》2017年第12期下旬刊。

中国融资担保业协会：《中国融资担保业发展报告（1993—2014）》，中国金融出版社2015年版。

周艳：《福建省农村融资性担保机构发展研究》，硕士学位论文，福建农林大学，2014 年 9 月。

FAO,"Credit Guarantee Systems for Agriculture and Rural Enterprise Development",Rome,2013.

The SEEP Network,"Measuring Performance of Microfinance Institutions A Framework for Reporting",Analysis,2005.

**孙同全**，管理学博士，中国社会科学院农村发展研究所研究员、农村金融研究室主任、农村金融创新工程项目首席研究员，中国社会科学院大学教授、博士生导师，中国农村发展学会秘书长。主要研究领域为农村金融、普惠金融、合作金融、数字金融、信用担保、减贫等。

**田雅群**，经济学博士，中国社会科学院农村发展研究所助理研究员。主要研究领域为农村金融、公司金融。

**苏岚岚**，管理学博士，中国社会科学院农村发展研究所助理研究员。主要研究方向为农村金融、数字经济与农村转型。

**董翀**，管理学博士，中国社会科学院农村发展研究所农村金融研究室副主任、助理研究员，中国农村发展学会副秘书长。主要研究领域为农村金融、数字普惠金融、农业供应链金融、农业保险、合作经济。